TOUT CE QUE VOUS AVEZ TOUJOURS VOULU SAVOIR SUR...

LES REQUINS & Co.

MILAN

Pour l'édition originale :

Édition : Penny Smith, Ann Baggaley, Elinor Greenwood, Elizabeth Haldane, Wendy Horobin, Cécile Landau, Deborah Lock, Carrie Love, Lorrie Mack, Sue Malyan, Caroline Stamps, Steve White-Thomson, Lee Wilson

Conception : Gemma Fletcher, Simon Balley, Jess Bentall, Emma Forge, Tom Forge, Hedi Gutt, Karen Hood, Sonia Moore, Clémence de Moulliens, Claire Patane, Sophie Pelham, Joanna Pocock, Laura Roberts, Rachael Smith, Sadie Thomas, Vicky Wharton

Consultant : Trevor Day

Iconographie : Frances Vargo
Responsable d'impression : Bridget Giles
Direction artistique : Rachael Foster
Responsable de collection : Mary Ling
Direction de conception : Jane Bull
Direction de publication : Julie Ferris
Chef de direction artistique : Owen Peyton Jones
Graphiste de couverture : Laura Brim
Responsable de production : Erika Pepe
Production : Luca Frassinetti
Impression : Sarah Larter
Directrice adjointe de publication : Liz Wheeler
Directeur artistique : Phil Ormerod
Directeur de publication : Jonathan Metcalf

Précédemment publié en 2008 sous le titre *Sharks and Other Creatures of the Deep*
Version abrégée publiée en Grande-Bretagne en 2012 par Dorling Kindersley Limited, 80 Strand, London WC2R 0RL

Pour l'édition française :

Loi 49.956 du 16.07.1949 sur les publications destinées à la jeunesse.

ISBN : 978-2-7459-6262-1
Dépôt légal : 3e trimestre 2013
Imprimé en Chine

Traduction et adaptation française :
Emmanuelle Pingault

Cet ouvrage a été réalisé par les éditions Milan avec la collaboration, pour le suivi éditorial et la maquette, des Ateliers et Chantiers réunis.
www.lesateliersetchantiersreunis.fr

SOMMAIRE

L'eau est probablement le composé le plus abondant dans l'Univers.

Sur la Terre, le volume d'eau atteint 1 400 millions de km^3, soit environ

200 milliards de litres par habitant.

Pour les contenir, il faudrait un ballon mesurant le tiers du diamètre de la Lune. Une partie provient de COMÈTES qui ont perdu de l'eau dans l'atmosphère terrestre pendant des milliards d'années. Une autre vient de roches souterraines, qui libèrent de la *vapeur d'eau*

Selon les scientifiques, **plusieurs millions**

lors des éruptions volcaniques. Heureusement pour nous, la distance entre la Terre et le Soleil permet à l'eau de rester liquide. Si nous étions plus près ou plus loin du Soleil, les **OCÉANS** s'évaporeraient ou gèleraient, et la vie serait impossible. Les premiers êtres vivants sont probablement apparus dans les océans. D'ailleurs, tous les organismes vivants sont constitués d'une base d'eau salée. Nous-mêmes, nous sommes faits d'eau en majeure partie, plus quelques autres composants. **Nous descendons de poissons** qui ont gagné la terre ferme il y a plus de 355 millions d'années.

Bébé nageur

Avant de naître, nous avons passé neuf mois dans un milieu aquatique salé : l'utérus de notre mère.

d'espèces animales et végétales vivent DANS L'EAU.

Des milieux naturels sur mesure

Haute mer

La haute mer est le plus vaste milieu naturel. Loin des côtes, la surface grouille de poissons et de toutes sortes de formes de vie. En profondeur, d'étranges créatures guettent leurs proies dans l'obscurité.

Qui habite la haute mer ?

- Le hareng, régal des prédateurs… et des gourmets.
- La sardine… jusqu'à ce qu'on la mette en boîte.
- Le thon, friand de harengs et de sardines, mais qui finit entre les dents des requins, ou dans l'assiette des hommes.
- Le marlin, trophée des pêcheurs sportifs.
- Les dauphins, chassant en groupe au milieu des mers.
- Les requins, répartis dans tous les océans de la planète.
- Les baleines, si grandes… qu'il n'y a que là où on puisse les caser !

De nombreux poissons nagent jour et nuit. Pour se reposer, ils se laissent porter par le courant. Comme l'eau soutient leur corps, ils dépensent peu d'énergie.

Les forêts d'algues

Comme les arbres de la jungle tropicale terrestre, ces algues géantes forment de véritables forêts sous-marines montant à l'assaut de la lumière. Les poissons s'y cachent. Les loutres s'y enroulent en surface pour dormir sans dériver. Cet environnement, même s'il est plutôt frais, grouille de vie.

Qui habite dans les forêts d'algues ?

- Les oursins, qui broutent des algues, en sectionnent des fragments qui dépérissent.
- L'escargot *Chlorostoma*, plus élégant qu'un escargot de jardin, qui fait des trous dans les plantes sous-marines.
- Le crabe de varech, véritable jardinier des mers, qui élague les vieilles algues.
- L'étoile de mer chauve-souris, qui prélève des débris sur les fonds marins.
- Les bancs de sébastes bleus, qui se nourrissent de méduses et de plancton au cœur de la forêt d'algues.

Les oursins et les escargots de mer mangent des algues. Toi aussi, et tu te laves peut-être même les dents avec : on s'en sert pour préparer des crèmes glacées, des bonbons et même du dentifrice.

Les créatures marines vivent dans des milieux très variés. Voici quatre exemples d'habitats sous-marins.

Les mers polaires

Les océans Arctique et Antarctique se trouvent à l'opposé sur le globe. La banquise fournit aux manchots (Antarctique) et aux ours blancs (Arctique) de passage des plateformes de repos. Même glaciales, ces eaux fourmillent de vie et, depuis quelques années, les chercheurs y ont découvert des centaines d'espèces animales.

Qui habite dans les mers polaires ?

- Le krill : baleines, phoques et poissons avalent ces crustacés minuscules par milliers.
- Les ours blancs, traversant à la nage les eaux libres de glace pour trouver de quoi manger.
- L'araignée de mer géante, perchée sur ses huit pattes.
- Les manchots, qui passent autant de temps dans l'eau que sur la glace.
- Les concombres de mer, mous et visqueux, amateurs de fonds froids et obscurs.
- Les morses, qui plantent leurs défenses dans la glace pour se hisser hors de l'eau.

Grâce à son épaisse fourrure et à sa graisse, l'ours blanc est isolé du froid. Le sang de nombreux poissons polaires contient une substance antigel qui les empêche de se transformer en glaçons.

Les récifs coralliens

Les récifs de coraux multicolores sont traversés de fentes et de crevasses où se cachent les poissons. Il prennent toutes les tailles et toutes les formes. Certains ressemblent à des arbres, à des salades, des assiettes ou des éventails. D'autres, circulaires et plissés, font songer à notre cerveau.

Qui habite dans les récifs coralliens ?

- Les requins, qui patrouillent en quête de nourriture.
- Les anémones de mer, qui déploient leurs tentacules pour saisir leurs proies.
- Certaines étoiles de mer, qui dévorent tant de corail qu'elles endommagent le récif.
- Les poissons-clowns, vedettes de cinéma, abrités parmi les tentacules d'anémones.
- Certains vers marins au corps tubulaire, souvent confondus avec les coraux.
- Les pieuvres, assez souples pour se dissimuler dans les creux du récif.

Un récif de corail met des siècles à se développer. Les plus anciens datent de 5 000 à 10 000 ans. Le plus étendu se trouve en Australie : c'est la Grande Barrière de corail.

Monde marin...

Les animaux se répartissent en deux catégories : les invertébrés, dépourvus de colonne vertébrale, et les vertébrés, qui en ont une. Ces groupes se divisent ensuite selon d'autres critères. Ce classement rend compte de l'infinie variété des créatures marines.

Calcaires

Tubulaires

ÉPONGES

Méduses

Anémones de mer

Coraux

CNIDAIRES

Polychètes

Vers plats

Vers tubicoles

VERS

Les invertébrés sont nettement plus nombreux que les vertébrés : il en existerait 15 millions d'espèces, réparties en 33 grands groupes. Seules les plus connues sont ici représentées.

Invertébrés...

QUI EST QUI ?

Insectes marins

Crevettes, crabes, homards...

Pycnogonides

ARTHROPODES

Palourdes, huîtres, coquilles Saint-Jacques...

Limaces et escargots de mer

Pieuvres, calmars, seiches...

MOLLUSQUES

Ophiures

Concombres de mer

Oursins

Étoiles de mer

ÉCHINODERMES

et encore quelques **invertébrés...**

Mammifères (baleines, dauphins, phoques, morses...)

Reptiles (tortues, serpents marins...)

Poissons (requins, raies, harengs, saumons...)

Les animaux marins les plus volumineux sont des vertébrés.

Vertébrés

Qu'est-ce qu'un poisson ?

Les poissons sont apparus il y a plus de 460 millions d'années. Ce furent les premiers animaux équipés d'une colonne vertébrale. Par rapport à eux, l'être humain est un nouveau-né !
Il existe 25 000 espèces différentes de poissons. Hydrodynamiques, ondulants et couverts d'écailles, ils sont taillés pour vivre dans l'eau.

REQUIN-BALEINE

Signes distinctifs :

POISSON

- **Branchies** Ces fines lamelles de tissu sont l'équivalent de nos poumons. Largement pourvues de vaisseaux sanguins, elles extraient l'oxygène de l'eau.
- **Écailles** Grâce à ces petites plaques protectrices, le corps des poissons est étanche.
- **Nageoires** Ces instruments de natation servent aussi d'armes de défense, surtout si elles sont piquantes. Elles fonctionnent par paires ou seules.
- **Sang froid** Le corps de la plupart des poissons est à la même température que l'eau alentour.
- **Squelette interne** Chez les requins et les raies, il est fait de cartilage. Les autres poissons sont dotés d'un squelette osseux.

Les poissons boivent-ils ?

Les poissons de mer boivent beaucoup, mais ils évacuent presque tout le sel qu'ils avalent. Les poissons d'eau douce absorbent de l'eau par la peau, la bouche et les branchies.

D'un extrême à l'autre

Les plus grands poissons, les requins-baleines, atteignent 15 m de long. L'un des plus petits, *Schindleria brevipinguis,* mesure à peine 7 mm.

SCHINDLERIA BREVIPINGUIS

L'ondulation

Ce qui permet à un poisson de nager, c'est sa puissance musculaire. Quand il se déplace, des ondulations continues se propagent dans les muscles le long de l'épine dorsale jusqu'à la queue, qui, d'un battement, le propulse comme le ferait une pagaie. Ses nageoires lui permettent de changer de direction et de freiner. Certains poissons savent même nager en marche arrière.

JE NE SUIS PAS *un poisson...* Je suis un **MAMMIFÈRE**

On a tendance à l'oublier, mais certains animaux marins sont des mammifères, plus proches de nous que des poissons, dont ils se nourrissent souvent. Parmi eux figurent les cétacés, les phoques, les otaries, les dugongs et les lamantins.
Tous vivipares, ils allaitent leurs petits, qui naissent complètement formés.

Regarde bien : une baleine ne nage pas comme un poisson. Pour fendre l'eau, un poisson agite sa queue latéralement. Les mammifères marins (du moins, ceux qui ont une queue) se propulsent en la rabattant de haut en bas.

Signes distinctifs :

- **Vivipares** Les petits mammifères naissent déjà formés.
- **Squelette interne** Un solide squelette osseux donne à leur corps une forme parfaite.
- **Allaitement** Les petits tètent le lait de leur mère pendant leurs premiers mois.
- **Poumons** Pour puiser l'oxygène de l'air extérieur, ils doivent remonter régulièrement à la surface.
- **Sang chaud** Les mammifères extraient l'énergie de leurs aliments pour réguler la température de leur corps, plus chaud que l'eau où ils nagent.
- **Soins aux jeunes** Les mammifères protègent leurs petits longtemps après la naissance.

Lamantins et dugongs

Ces gros mammifères broutent algues et plantes aquatiques. Ils sont d'ailleurs appelés « vaches de mer ».

Un cétacé peut siffler et…

… cliqueter pendant 30 minutes !

Le chant de la baleine
Baleines et dauphins sont des bavards. Peu après sa naissance, un individu peut produire un son qui lui est propre, une sorte de signature vocale. Baleines et dauphins communiquent en émettant des sifflements qui s'entendent à grande distance dans les profondeurs marines.

Pour se repérer et trouver leurs proies, les dauphins emploient la même méthode que les chauve-souris qui volent dans le noir : l'écholocation, qui consiste à émettre des clics et à analyser les échos en retour. Ainsi, un dauphin peut repérer un objet, et même en estimer la taille et la forme.

Dauphins et marsouins
Ce sont les plus petits cétacés à dents. La plupart vivent dans les océans, mais certains se rencontrent en eau douce.

Phoques, otaries et morses
Ces carnivores passent presque tout leur temps dans l'eau, mais se reproduisent à terre.

Orque
L'orque (ou épaulard) est le plus grand des dauphins.

Je te vois !
Quand il nage, un dauphin produit des cliquetis qui traversent l'eau comme une vibration. Ces sons butent contre tout animal alentour et rebondissent jusqu'au dauphin.

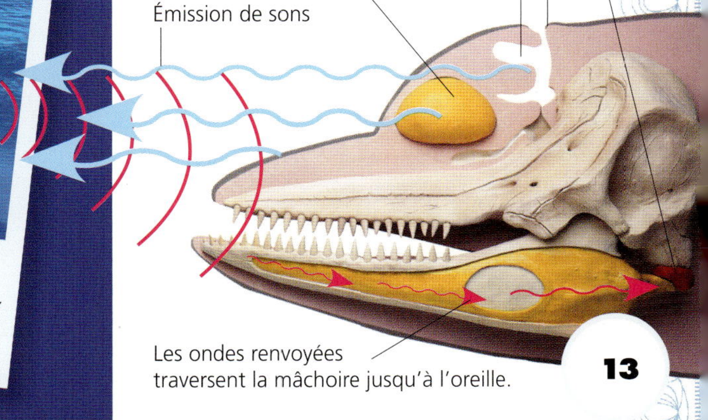

Les requins À LA LOUPE

LES REQUINS ont *les mêmes sens* que les humains, *plus un,* dont nous sommes privés. Cela leur donne un avantage dans le milieu marin.

100

Le REQUIN MAKO est le plus rapide de tous : il peut nager à 97 km/h.

Les requins produisent leurs propres antibiotiques, qui les protègent des bactéries et des mycoses.

Sixième sens

Grâce à son sixième sens, un requin perçoit les rayonnements électromagnétiques qu'émettent tous les êtres vivants. Il les analyse grâce à de minuscules canaux remplis d'une matière gélatineuse, autour de sa bouche. Il arrive qu'un requin, croyant repérer une proie, attaque un moteur ou une hélice de bateau. Le plus souvent, heureusement, il se sert de son sixième sens pour découvrir les poissons cachés dans les fonds sableux ou pour viser précisément sa proie au moment de mordre.

De nombreux requins perdent entre 8 000 et 20 000 dents au cours de leur vie.

Une morsure de requin, ça fait mal ! Certains exercent jusqu'à **60 kg de pression,** ce qui leur permet de transpercer la chair la plus ferme.

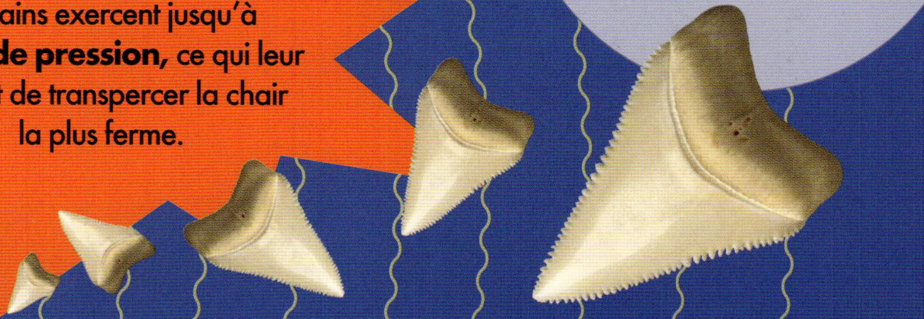

Le requin-baleine est le plus gros de tous. Un adulte mesure

Mythes et réalités sur le plus gros poisson marin…

L'aiguillat, ou **chien de mer,** est une espèce de petit requin qui pourrait atteindre l'âge de **100 ans.**

VUE

En général, les requins ont une bonne vue. Certains perçoivent même les couleurs. Leurs yeux sont assez grands pour capter la moindre lueur, dans la pénombre sous-marine. Ils ont tous des paupières, mais elles ne se ferment pas. Chez certains, une membrane glisse pour protéger les yeux dans la frénésie de la chasse. Le grand requin blanc roule ses yeux en arrière juste avant de mordre sa proie, ce qui l'aveugle un instant.

ODORAT

On dit qu'un requin devine la présence d'une goutte de sang à des kilomètres de distance, mais c'est exagéré. En revanche, il perçoit l'odeur des poissons à plusieurs centaines de mètres. Quand il se déplace, l'eau circule dans ses narines, sous la pointe de son museau. S'il perçoit une odeur, le requin balance sa tête latéralement pour en situer l'origine. Il emploie aussi son odorat pour trouver l'âme sœur, parfois même pour se diriger.

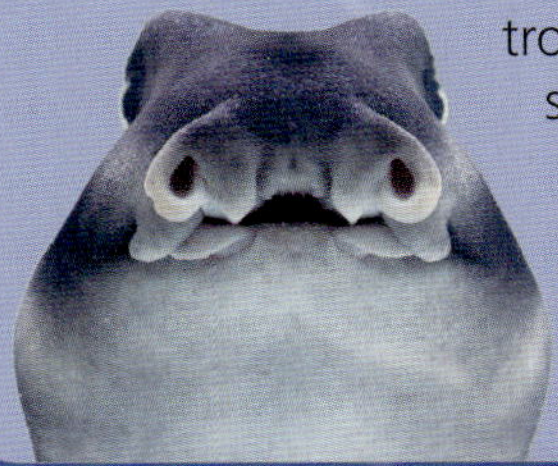

Chien de mer

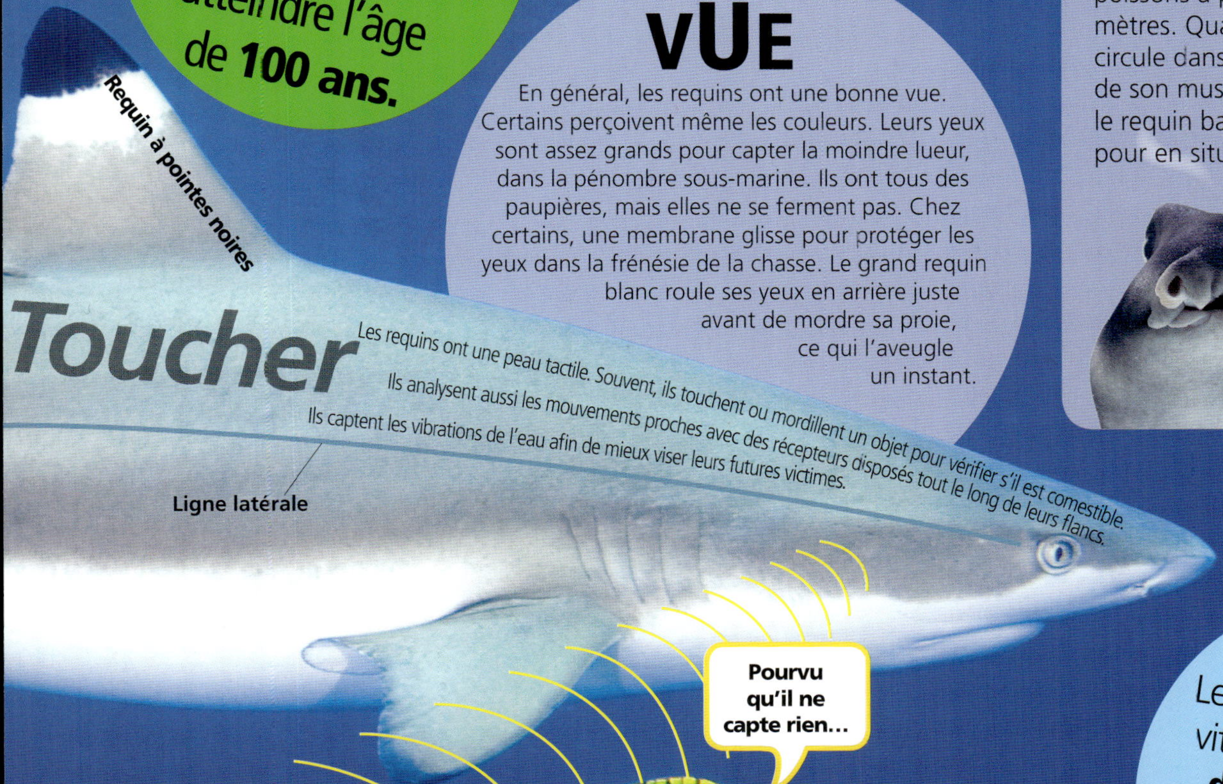

Toucher

Les requins ont une peau tactile. Souvent, ils touchent ou mordillent un objet pour vérifier s'il est comestible. Ils analysent aussi les mouvements proches avec des récepteurs disposés tout le long de leurs flancs. Ils captent les vibrations de l'eau afin de mieux viser leurs futures victimes.

Le requin-bouledogue vit **en mer ou en eau douce,** et remonte parfois les rivières.

ouïe

Même s'ils n'ont pas d'oreilles externes, les requins ne sont pas sourds. Ils perçoivent les basses fréquences et en analysent la provenance dans un rayon de plusieurs kilomètres.

Goût

Les requins ont des papilles dans la bouche, mais pas sur la langue. Certains mangent à peu près tout ce qu'ils trouvent quand d'autres, plus délicats, recrachent les proies qu'ils n'aiment pas. Hélas pour leurs victimes, ils commencent par en prendre une bouchée…

parfois 15 m de long : plus qu'un autobus !

Comment les requins FENDENT L'EAU

Grâce à une combinaison moulante, certains champions nagent plus vite que jamais… mais le maillot n'explique pas tout.

À la loupe, les écailles du requin se présentent comme de minuscules dents. On les appelle denticules cutanés. L'eau s'écoule autour sans tourbillonner, donc sans freiner l'animal.

Le tissage du maillot imite les reliefs de la peau du requin. Selon les fabricants, cela augmenterait de 3 % la vitesse du nageur.

Les requins les plus rapides nagent au moins dix fois plus vite que les champions olympiques ; nous n'arriverons donc jamais à les égaler. Mais nous nous sommes inspirés d'eux pour créer une combinaison étonnante.

Le tissu est conçu comme la peau du requin, à base d'un matériau spécial qui permet au nageur de fendre l'eau plus vite. Même s'il n'y gagne qu'une ou deux secondes, c'est assez pour battre des records.

La coque de certains yachts est couverte d'une peinture elle aussi inspirée de la peau du requin. Avantage supplémentaire : cela empêche les algues et les balanes de s'y fixer.

Comment manger quand on n’a pas de dents ?

SANS LES

On distingue deux grands types de cétacés : les espèces pourvues de dents, et les baleines, munies de fanons.

Vu ses dimensions, **la baleine bleue** a besoin de grandes quantités de nourriture. Elle filtre d’énormes volumes d’eau où elle récupère des petits poissons et des organismes semblables à des crevettes, le krill. Dans sa bouche, de longues lames cornées, les fanons, retiennent les proies. Une baleine bleue piège ainsi jusqu’à **3 600 kg de krill par jour.**

DENTS !

Pause-déjeuner

Pour se nourrir, la baleine ouvre la bouche afin de l'emplir d'eau. Ensuite, elle la referme presque complètement et, avec sa langue, repousse l'eau à travers ses fanons. Les petits animaux pris au piège sont alors avalés.

Festin marin

L'été, une baleine bleue mange 4 millions d'individus par jour.

6 secondes chrono !

Les animaux qui composent le krill sont parmi les plus nombreux au monde : deux fois par an, chaque femelle produit environ 2 500 œufs !

Le rorqual, ce gros gourmand, mange très vite. En 6 secondes à peine, il avale assez d'eau et de krill pour remplir un camion. À toi d'imaginer la taille de sa bouche...

Les cétacés à fanons :

La baleine boréale et la baleine franche sont lentes et ont une tête énorme. Elles passent leur temps à se déplacer, la bouche ouverte, pour filtrer leur nourriture.

Les rorquals se déplacent très vite et foncent sur leurs proies. Leur gorge peut se distendre pour tamiser beaucoup d'eau. La baleine à bosse appartient à cette famille.

La baleine grise, contrairement aux autres, se nourrit principalement sur les fonds marins. Elle filtre des bouchées de vase pour garder les crevettes, les étoiles de mer et les vers marins.

Un fanon en gros plan

Un fanon est un assemblage de lames cornées, se finissant en poils, où krill et autres proies sont piégés. Certaines baleines possèdent 700 de ces lames, fixées à leur mâchoire supérieure.

Tu m'as BIEN regardé ?

JE SUIS UN TURBOT TROPICAL, CACHÉ SOUS LE SABLE PRÈS DE L'ÎLE DE TOBAGO, AUX ANTILLES.

Concours de laideur

Au fin fond des océans, il ne sert à rien d'être séduisant. Certaines créatures pourraient même faire un procès à la nature, qui ne les a pas gâtées ! Nous avons choisi quelques-unes des plus charmantes figures des abysses. À toi d'élire celle qui te fait le plus vibrer… d'horreur !

Inutile d'appeler le dentiste : il ne pourra rien faire pour m'aider à fermer la bouche.

En plus d'être laid, j'ai très mauvais caractère. Mon dos est bordé d'épines empoisonnées.

Une bouche difforme, des narines évasées en cornet : voilà de quoi intimider les curieux.

Une bonne couche de maquillage ne suffirait pas à m'embellir. Je nage dans le noir, au fond des océans.

Avec mon énorme gueule au bout de mon long corps fuselé, j'ai de drôles de proportions.

Pour moi, *Psychrolutes marcidus*, inutile de bander les muscles : je suis mou et rond comme un coussin mouillé.

Mou, taché, tordu… j'habite dans les eaux peu profondes, au-dessus des récifs coralliens.

Je suis capable de couvrir mon corps de mucus, d'où mon surnom d'anguille gluante.

Ils habitent **dans de** drôles de ***MAISONS...***

La peau d'un saumon
La présence de parasites rend le saumon plus sensible aux infections.

Les récifs coralliens
Grouillant de vie, les coraux nourrissent et abritent de nombreux êtres.

Un bernard-l'ermite
Je déménage tout au long de ma croissance.

La peau d'une baleine
Les passagers clandestins s'y agrippent et trouvent leurs aliments dans l'eau.

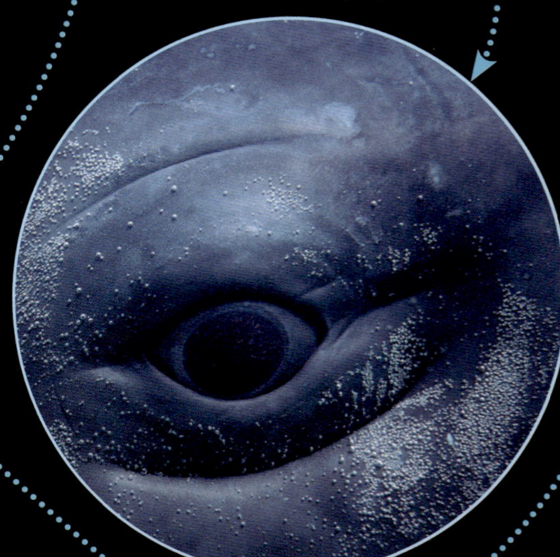

Un anatife
Mon logis est immense et mobile.

Sauras-tu les raccompagner CHEZ EUX ?

Un dragon de mer
Je réside dans une merveilleuse cachette.

Un ver arénicole
Je creuse pour me cacher.

Une coquille vide
Rigide, elle protège l'abdomen fragile de son habitant.

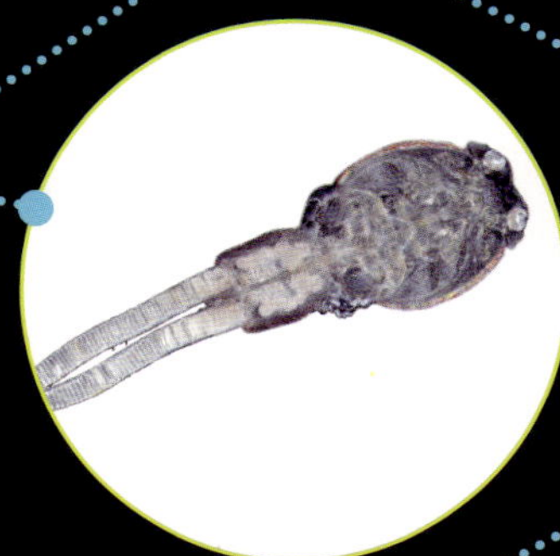

Un pou du saumon
Je suis un copépode parasite et remonte les cours d'eau fixé à mon hôte.

Un trou dans le sable
Près de ce refuge, l'occupant rejette des tortillons de sable.

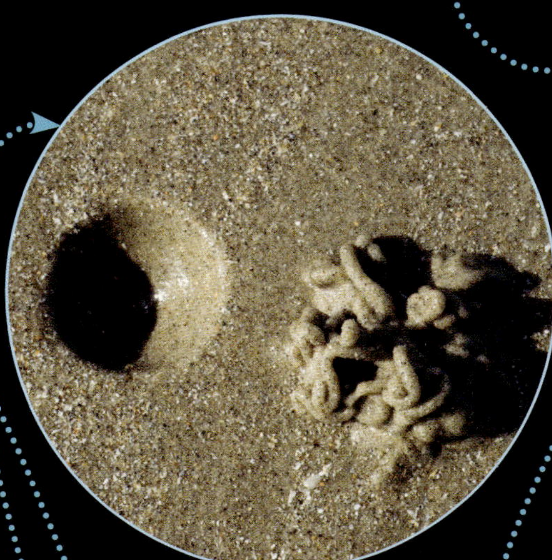

Un herbier
Pas facile de trouver qui se cache parmi ces plantes qui se balancent.

Un ange de mer impérial
Je réside en eau tiède.

BALEINES *à tout faire*

On tue des baleines pour les manger depuis la préhistoire. C'est entre les XVIIe et XIXe siècles que cette chasse se transforma en véritable industrie internationale, tuant chaque année des milliers de cétacés. La raison ? L'huile de baleine était alors un combustible recherché pour l'industrie et l'éclairage domestique. Tant et si bien que, au début du XXe siècle, certaines espèces étaient menacées de disparition.

La chasse à la baleine

Au XIXe siècle, des centaines de baleiniers quadrillaient les océans pendant des mois d'affilée pour tuer de grands cachalots ou des baleines franches. Quand une proie était repérée, une poignée de marins la poursuivaient à bord d'un canot. Ils la traquaient, la tuaient avec un harpon relié à une corde puis la remorquaient jusqu'au bateau. Alors commençait la découpe, opération macabre consistant à dépecer la bête. La graisse, coupée en cubes, était placée dans un fondoir et réduite en huile.

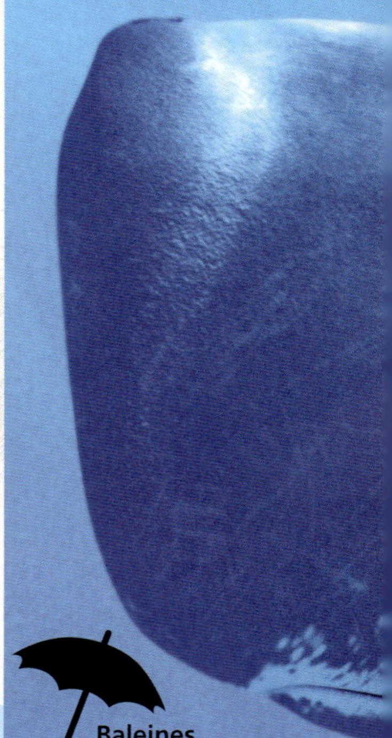

Le sauveur des baleines

En 1846, Abraham Gesner inventa une méthode permettant d'extraire du charbon un combustible liquide : le kérosène, ou pétrole lampant. Moins cher que l'huile de baleine, il la remplaça en moins de 30 ans. La chasse déclina et des milliers de baleines furent ainsi sauvées.

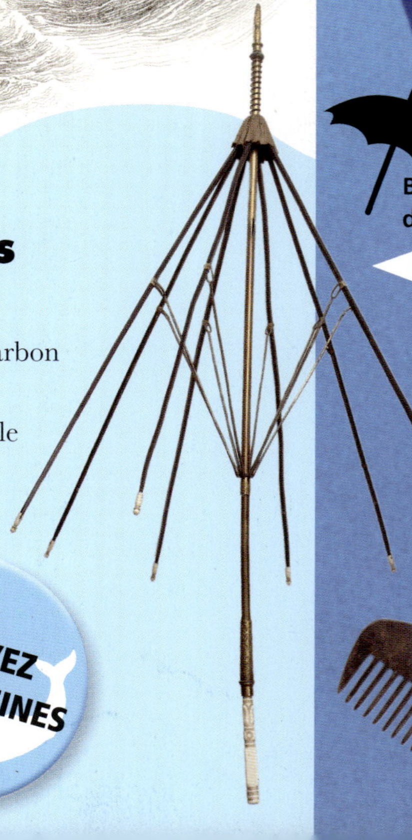

Baleines de parapluie

Peignes et brosses

Encore une petite goutte ?
L'Anglais John R. Jewitt fut retenu prisonnier par les Nootkas, sur la côte occidentale du Canada, entre 1802 et 1805. Dans ses mémoires, il raconte que les indigènes accompagnaient tous leurs plats d'huile de baleine, même les fraises.

L'HUILE DE BALEINE

On obtenait l'huile de baleine en faisant fondre le lard, la couche de graisse qui entoure le corps de l'animal.

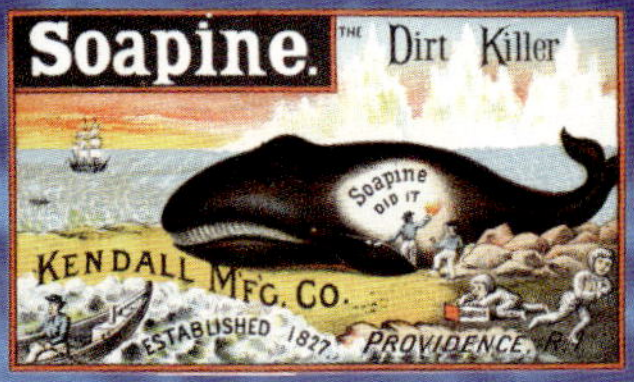

Ingrédient du savon

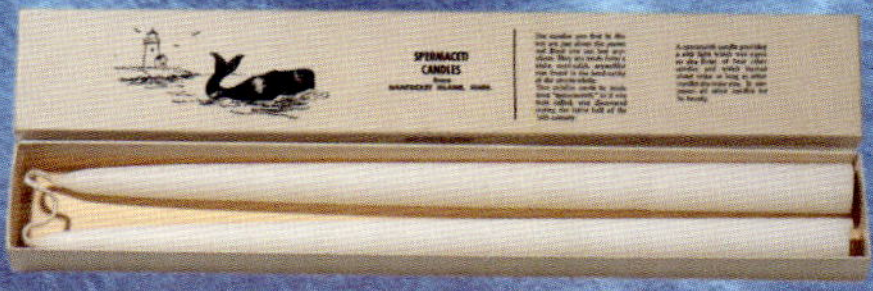
Cire de bougies

Huile d'éclairage

Les Inuits et d'autres peuples du Nord mangeaient de la chair et du lard de baleine. Aujourd'hui encore, on en déguste au Japon.

Blanc de baleine
Aussi appelée spermaceti, cette huile très fine, autrefois la plus recherchée, forme une masse blanche logée dans la tête de certains cétacés, dont le cachalot. Elle aurait un rôle dans la flottabilité de l'animal en plongée.

LA CHAIR ET LA GRAISSE

LES FANONS

Baleines de corset

Certaines espèces, dont les baleines boréales et les baleines franches, étaient chassées pour leurs fanons.

Balais-brosses

L'AMBRE GRIS

L'ambre gris, noir et cireux, est un déchet intestinal des cachalots. Au XIXe siècle, il entre dans la composition des parfums les plus précieux.

Rentrons dans leur COQUILLE !

Les animaux à corps mou doivent se protéger des autres. Certains découragent les prédateurs par leurs piquants ou leur peau venimeuse. D'autres sont couverts d'une coquille rigide et résistante. En cas de menace, ils s'y réfugient, claquent la porte derrière eux et attendent que le danger s'éloigne.

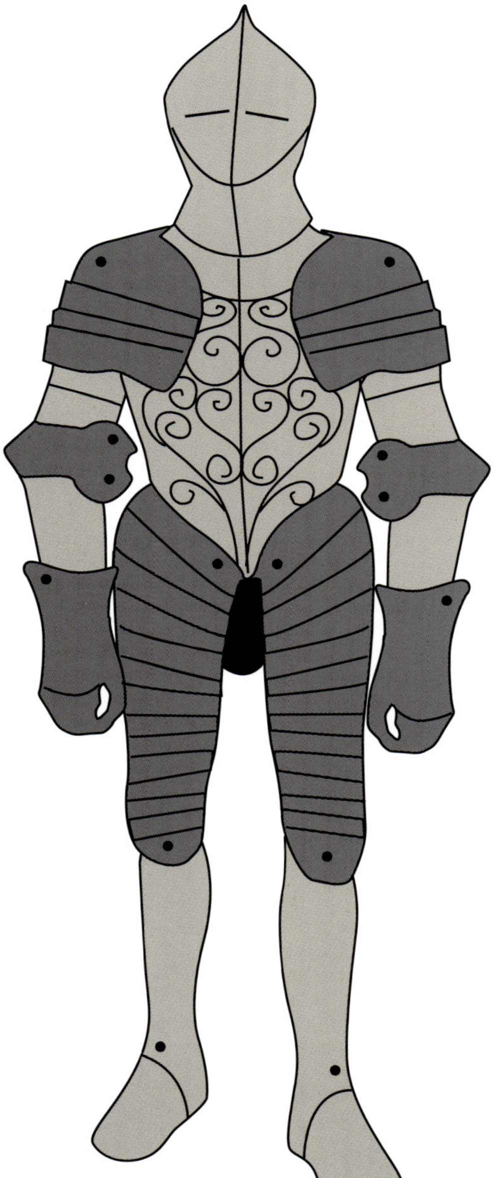

Coquille Saint-Jacques

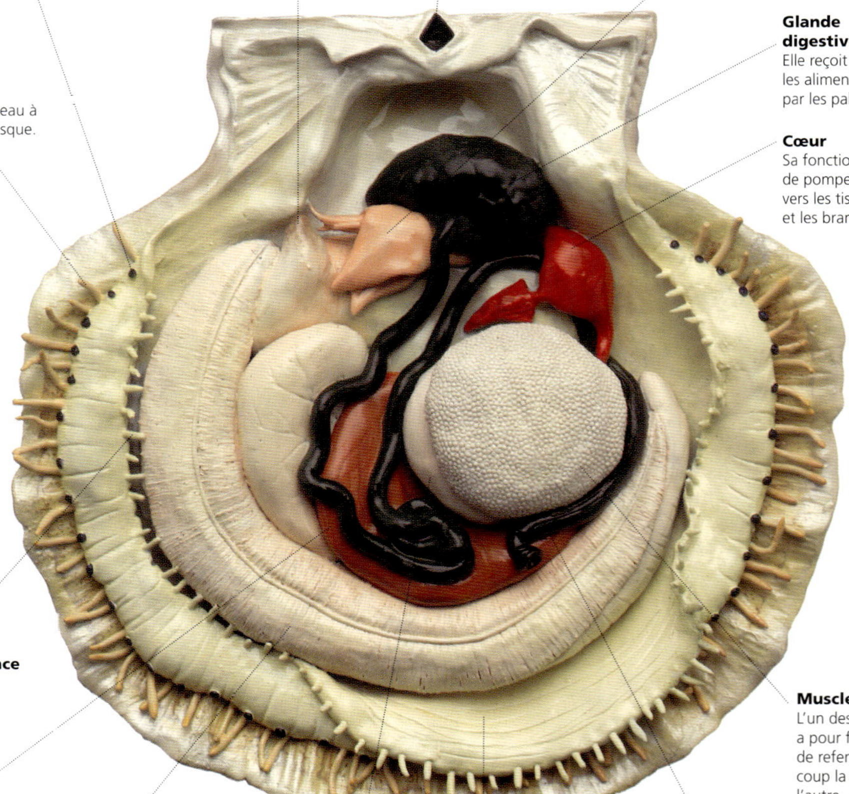

L'être humain a un squelette interne, ce qui expose la peau et les muscles aux blessures. Depuis des siècles, lors des combats, les hommes ont donc cherché à se protéger. Ainsi, les chevaliers du Moyen Âge portaient une lourde armure qui leur donnait une allure de gros homard métallique.

Coquilles à réaction

Les coquilles Saint-Jacques, les moules et les palourdes sont des mollusques bivalves : leur coquille en deux parties s'ouvre et se referme. Les coquilles Saint-Jacques restent généralement immobiles sur le fond marin, mais peuvent se propulser en faisant claquer leur valve pour chasser l'eau.

Oursin

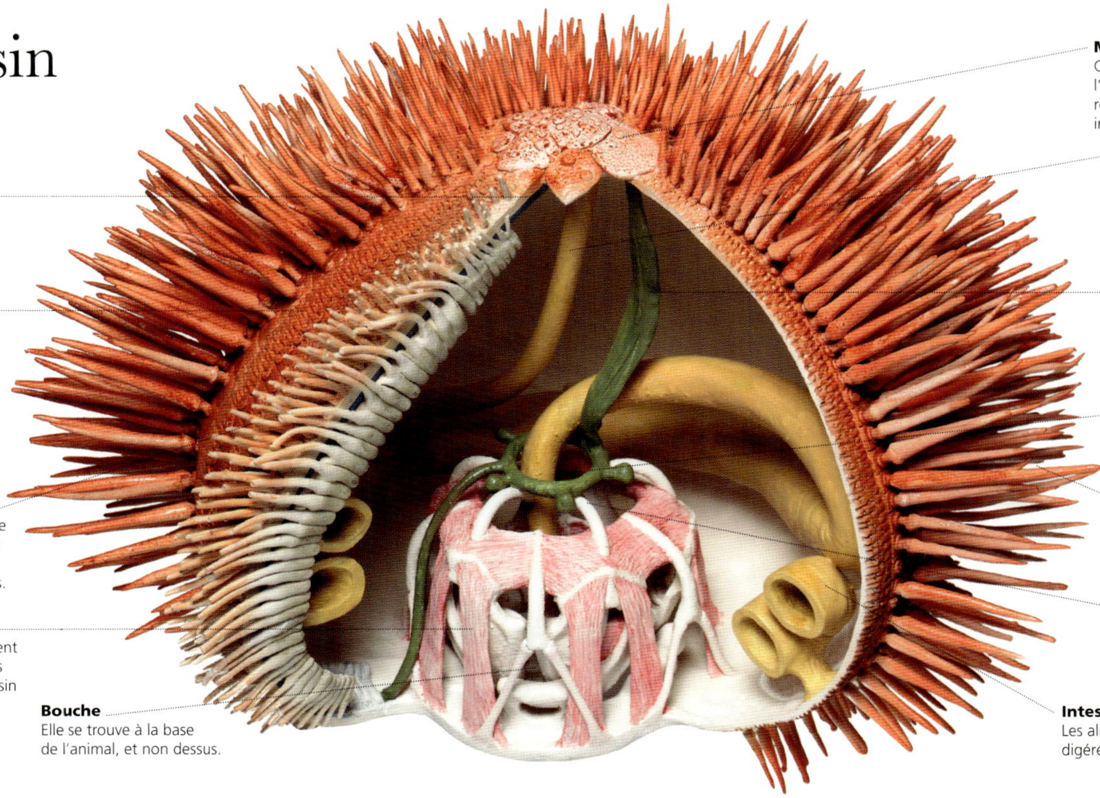

Nautile

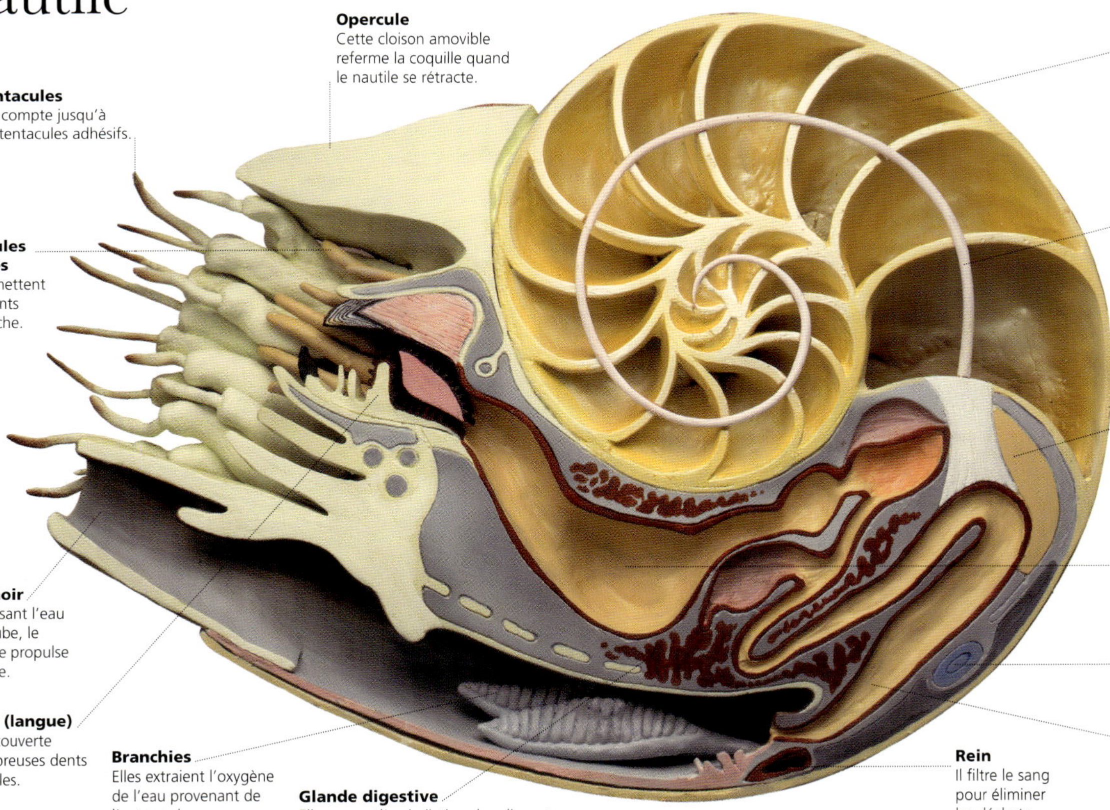

Une affaire piquante
Les piquants des oursins sont très efficaces pour repousser les importuns. Entre les piquants, des rangées de pieds ambulacraires (ou podions) permettent les déplacements sur le fond. Un oursin est armé de minuscules pinces, dont certaines venimeuses, elles aussi situées entre les piquants.

Chambres à louer
Un nautile vit dans une coquille en spirale, divisée en loges. Son corps occupe seulement la chambre externe. À mesure que l'animal grandit, de nouvelles loges se forment. Les anciennes sont remplies de gaz qui facilite la flottaison. Pour nager, le nautile se propulse, mais toujours en arrière.

Le poisson vu de l'intérieur

Tous les poissons ont un squelette interne comparable au nôtre. Pour la plupart d'entre eux, que ce soit la morue ou le poisson rouge, ce squelette est osseux. Toutefois, les requins et les raies ont un squelette cartilagineux, plus léger et flexible.

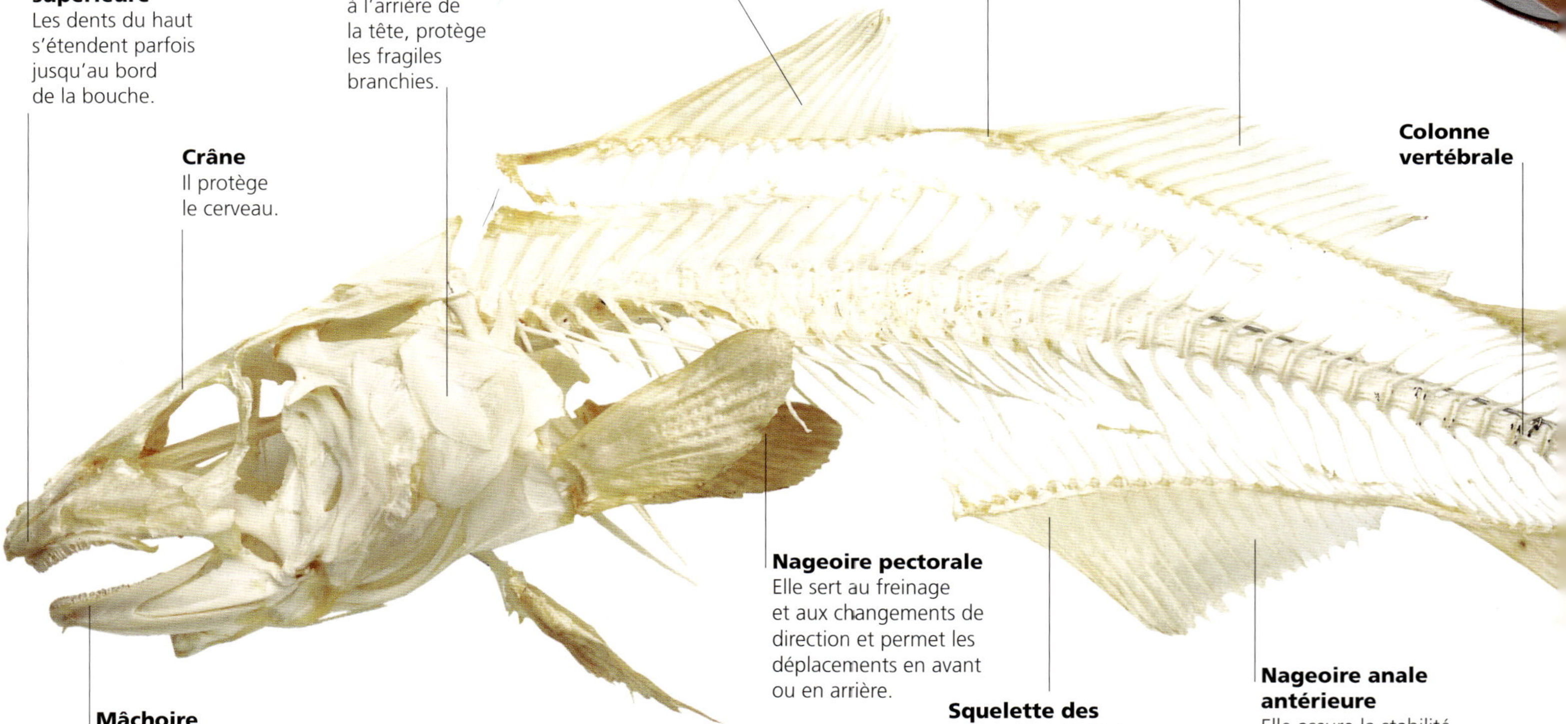

Nager, tout un art

Les poissons disposent d'un mécanisme qui leur permet de descendre ou de se stabiliser à une profondeur donnée. Les poissons osseux, grâce à leur vessie natatoire, peuvent rester au même niveau sans bouger. Ils se propulsent avec leur nageoire caudale, les autres nageoires assurant les manœuvres. Les poissons cartilagineux, dépourvus de vessie natatoire, doivent nager sans arrêt pour éviter de s'enfoncer. Leurs larges nageoires pectorales leur permettent de lever la tête en nageant.

Généralement, un poisson se déplace selon un enchaînement de mouvements d'ondulation, en frétillant.

Pour commencer, il tourne la tête d'un côté. Le reste du corps suit le mouvement.

En ondulant, le poisson balance la queue, ce qui amplifie le mouvement de propulsion en avant.

Cerveau
Il analyse les signaux provenant des organes sensoriels pour commander la réaction du corps.

Moelle épinière
Elle court à travers la colonne vertébrale et transmet les messages du cerveau aux muscles et aux organes.

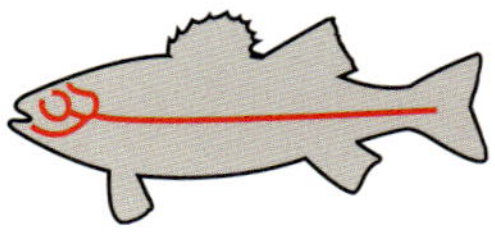

Rein
Le rein filtre le sang pour le purifier.

Muscles
Des muscles solides et puissants permettent au poisson de nager, même à contre-courant.

Ligne latérale
Grâce à ce réseau de cellules sensorielles, le poisson détecte les mouvements et les vibrations de l'eau.

Branchies
Ces fines membranes, très vascularisées, absorbent l'oxygène de l'eau.

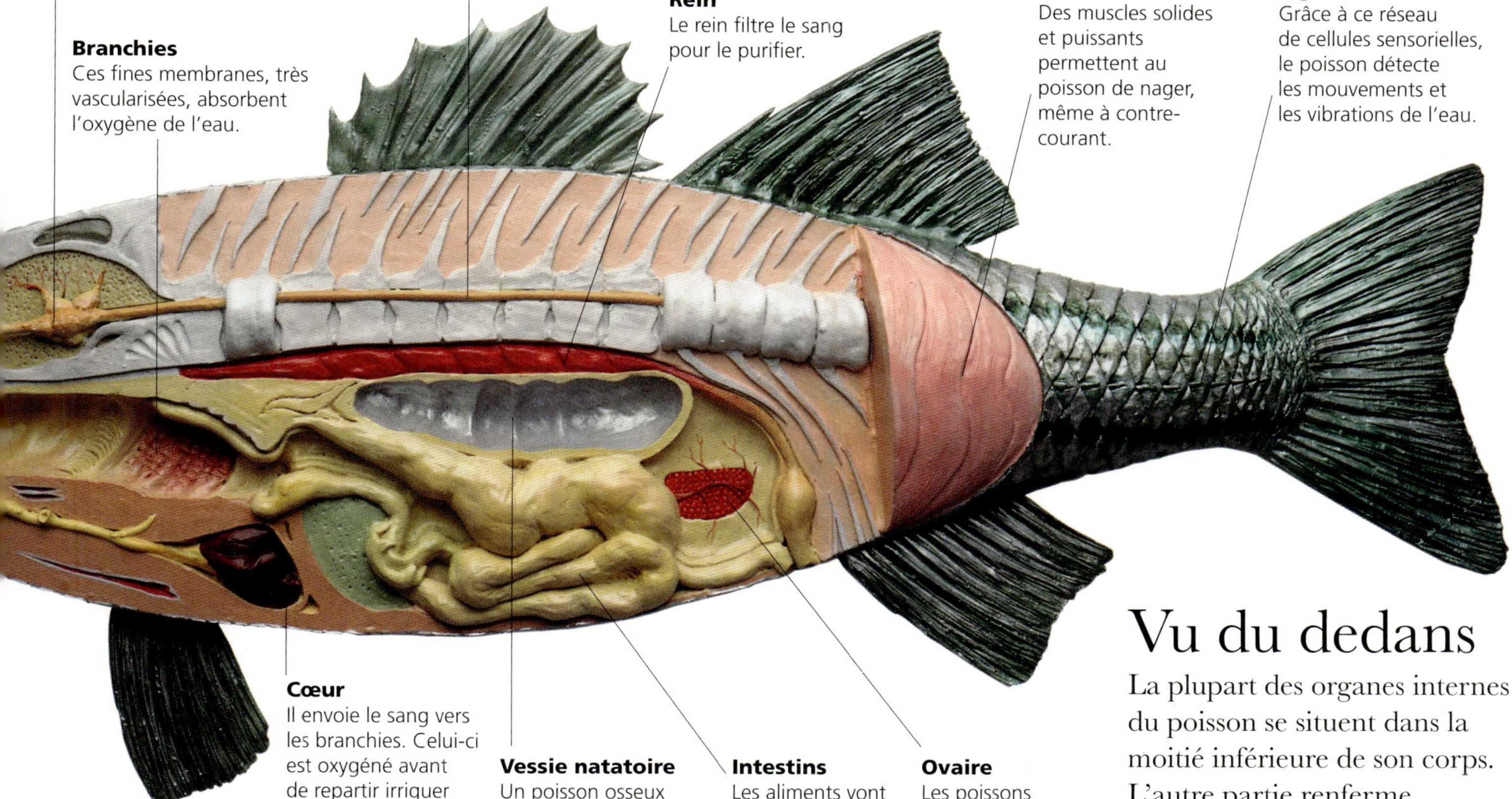

Vu du dedans

La plupart des organes internes du poisson se situent dans la moitié inférieure de son corps. L'autre partie renferme les muscles locomoteurs. La peau du poisson est solide et souple. Son corps est revêtu d'écailles protectrices.

Cœur
Il envoie le sang vers les branchies. Celui-ci est oxygéné avant de repartir irriguer tout le corps.

Vessie natatoire
Un poisson osseux régule le volume de gaz de cette poche afin de flotter sans battre des nageoires.

Intestins
Les aliments vont de l'estomac vers les intestins, où les nutriments passent dans le sang.

Ovaire
Les poissons femelles produisent des ovules et les expulsent dans l'eau, où les mâles les fécondent.

Nageoire dorsale
Selon les espèces, les poissons ont une, deux, ou trois nageoires dorsales.

Nageoire anale postérieure
Certains poissons n'ont qu'une nageoire anale.

Vertèbre caudale

Nageoire caudale
La queue agit comme un gouvernail.

Respirer sous l'eau

Pour obtenir de l'oxygène, les poissons avalent de l'eau et la filtrent avec leurs branchies. Ainsi, l'oxygène est extrait et le gaz carbonique expulsé. L'eau elle-même est rejetée au niveau des opercules.

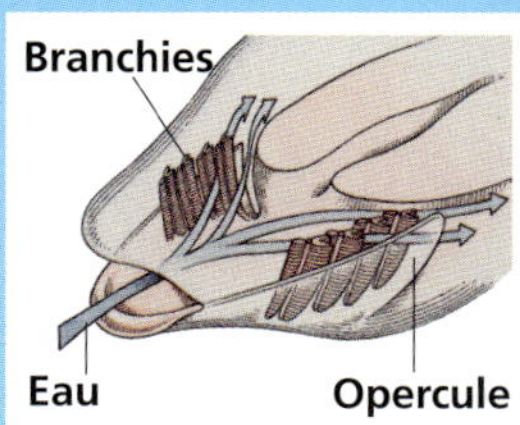

Le poisson tourne la tête dans l'autre sens, donnant ainsi naissance à une nouvelle ondulation du corps.

En donnant un coup de queue pour remettre le corps dans l'alignement de la tête, le poisson se projette en avant, prêt pour un nouvel enchaînement.

UN LONG VOYAGE

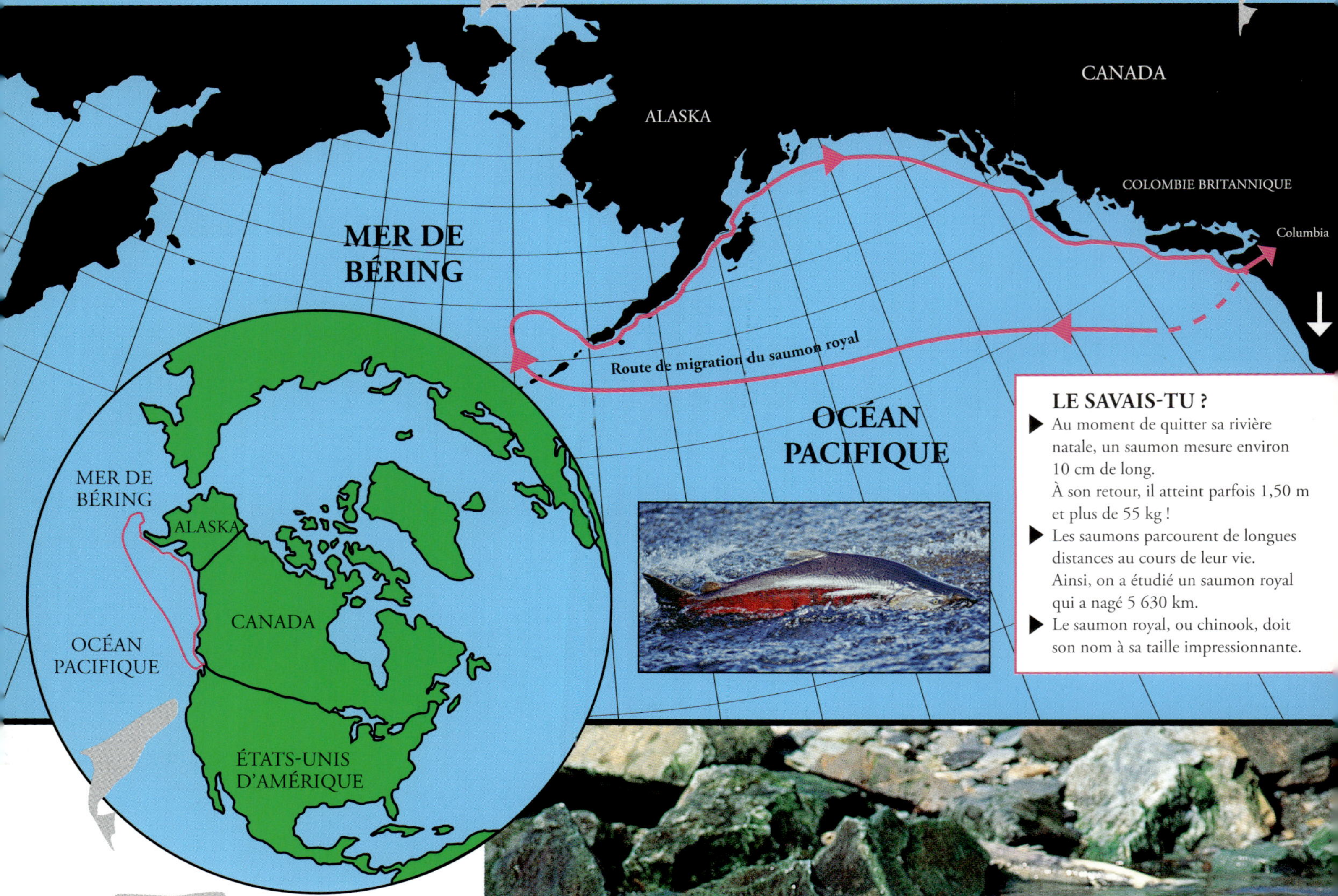

LE SAVAIS-TU ?

- Au moment de quitter sa rivière natale, un saumon mesure environ 10 cm de long.
  À son retour, il atteint parfois 1,50 m et plus de 55 kg !
- Les saumons parcourent de longues distances au cours de leur vie.
  Ainsi, on a étudié un saumon royal qui a nagé 5 630 km.
- Le saumon royal, ou chinook, doit son nom à sa taille impressionnante.

Les saumons du Pacifique, tels que le chinook, sont dits « anadromes ». Leur vie est un étonnant voyage : ils naissent en eau douce, dans le cours supérieur d'une rivière, puis vont vivre dans l'océan. Deux à sept ans plus tard, ils remontent le courant de leur rivière natale pour se reproduire.

1

Je suis un saumon royal femelle. Devenue adulte, je suis prête à entreprendre le long voyage de retour avec mes congénères pour frayer (pondre mes œufs). Nul ne sait comment je retrouve mon chemin : grâce aux courants océaniques, aux étoiles, au Soleil, à la Lune, au champ magnétique terrestre, à mon odorat très fin ? En tout cas, j'obéis à mon instinct.

2

Les orques nous attaquent, mais nous sommes nombreux à leur échapper. Dès que je vois une otarie, je fuis à toute vitesse ! Je porte les cicatrices de toutes ces agressions.

3

Je voyage ainsi pendant deux mois, en suivant les courants marins. Je parcours plus de 50 km par jour. Je me nourris de petits poissons, de crevettes et de calmars pour entretenir mes forces et prendre du poids.

4

Me voici à l'embouchure du fleuve. Je vais puiser dans mes réserves pour nager à contre-courant. Plus question de m'arrêter pour dormir ou manger. Dans l'eau douce, mes écailles s'assombrissent, mais celles des mâles deviennent plus brillantes. J'ai mordu à un hameçon ; heureusement, je me suis débattue et j'ai fini par me libérer.

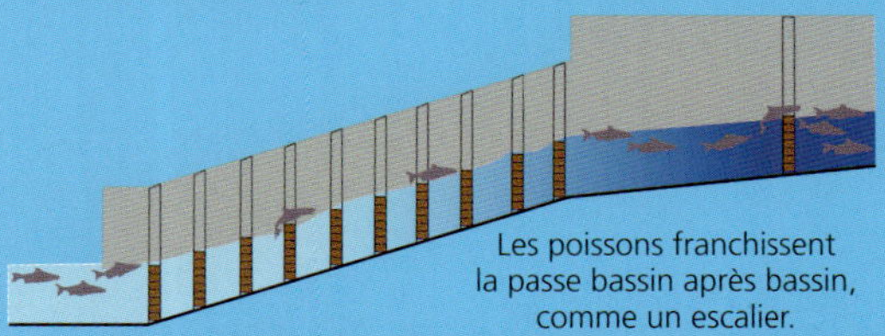

Les poissons franchissent la passe bassin après bassin, comme un escalier.

5

Mon odorat très fin me guide vers le cours supérieur de la rivière. Au niveau des barrages hydroélectriques, les hommes ont aménagé des passes à poissons qui nous permettent de franchir l'obstacle. Ceux qui n'arrivent pas à passer meurent épuisés.

6

Incroyable mais vrai : je franchis un rapide d'un puissant coup de queue. Mais, en haut, les ours nous guettent. Parfois, ils ne prélèvent qu'une bouchée sur un saumon avant d'en entamer un autre. Autre danger : les pygargues. Ces rapaces fondent sur nous quand nous nageons en surface.

7

Plus haut, l'eau est troublée par des dragages et des exploitations forestières. Si des particules de vase colmatent mes branchies, c'est l'asphyxie ! Je manque de finir empoisonnée par des déchets agricoles, puis écrasée par des chutes d'arbres et de roches…

8

Épuisée, j'arrive enfin à destination. Je choisis avec soin l'emplacement de ma frayère. Il me faut une zone d'eau calme mais bien oxygénée, des rochers pour me cacher, et un fond de graviers pour protéger mes œufs des prédateurs.

9

En me mettant sur le flanc et en agitant la queue, j'aménage des creux où je déposerai 8 000 œufs. Mon partenaire, un saumon mâle, les fécondera en les arrosant de laitance (sperme). Ensuite, je les protégerai d'une couche de graviers.

10

Mon seul et unique cycle de reproduction est fini. Je mourrai dans quelques semaines.

Les alevins éclosent à l'abri et vivent sur les réserves de leur sac vitellin. Ils émergeront des graviers quelques semaines plus tard.

11

QUI suis-JE ?

SI TU ÉTAIS UNE PETITE CREVETTE, VOICI COMMENT TU VERRAIS LE MONDE. DEVINE CE QUI SE CACHE DERRIÈRE CES IMAGES…

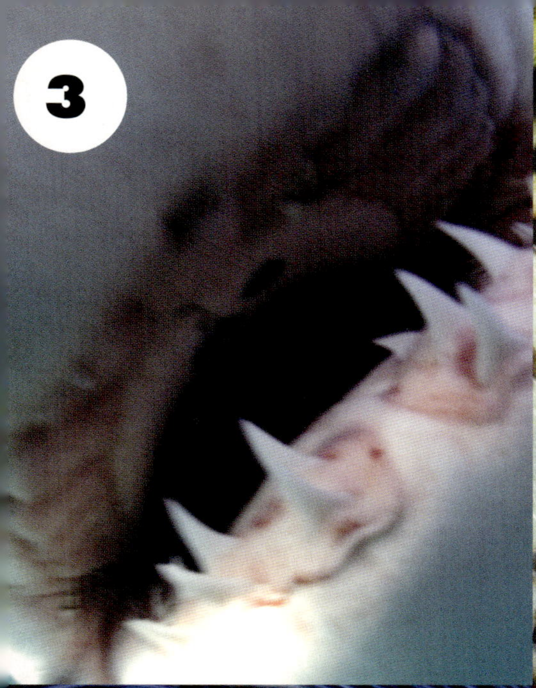

1. BANC DE BARRACUDAS
2. BERNARD-L'ERMITE DANS UN TERRIER DE VER
3. GRAND REQUIN BLANC
4. NAGEOIRE DE GATERIN ARLEQUIN
5. GOBIE GRIMÉ
6. ŒUFS DE TRUITE DE MER
7. ŒIL DE TORTUE
8. SIPHON DE BÉNITIER GÉANT
9. SYNGNATHE À POINTILLÉ
10. QUEUE DE POISSON-ANGE
11. POISSON-CLOWN DANS UNE ANÉMONE
12. LIS DE MER (CRINOÏDES)
13. MÉDUSE AURÉLIE
14. PIQUANTS DE POISSON-LION

350 VOLTS

POISSON-CHAT ÉLECTRIQUE
Il déborde d'énergie ! Presque tout son corps produit de l'électricité. Il ajuste la puissance et la durée des décharges selon les conditions : obscurité, recherche de proies, défense contre un ennemi.

200 VOLTS

RAIE ÉLECTRIQUE
Quand les Grecs ou les Romains avaient mal à la tête, le médecin les soignait avec… une raie électrique. Il plaquait sur le front du patient une raie vivante afin qu'une décharge chasse la migraine. En effet, ce poisson émet du courant grâce à des glandes situées près de sa tête. Sous le choc, le malade s'engourdissait, et on en déduisait qu' l était soulagé.

50 VOLTS

ASTROSCOPUS
D'un voltage plus faible, mais encore efficace, ce petit poisson passe presque toute sa vie enfoui dans le sable. Évite de lui marcher dessus : sa décharge, émise par une glande située derrière ses yeux, te ferait sursauter.

ATTENTION : ÉLECT

Certains poissons sont équipés de cellules spéciales qui émettent de puissantes ***décharges électriques.*** Ils peuvent donner un méchant coup de jus à d'autres poissons… ou aux nageurs.

La NATURE a parfois des idées *FOUDROYANTES !*

ROCHOC!

ANGUILLE ÉLECTRIQUE

Les décharges les plus violentes sont produites par l'anguille électrique, qui n'a d'anguille que le nom. Ce poisson de 2,50 m de long est de la famille du gymnote. Son corps serpentiforme renferme trois paires d'organes électriques comparables à des piles. Pour repérer ses proies, elle émet de faibles signaux électriques, à la manière d'un radar. Cette méthode est très utile quand on vit dans un milieu sans visibilité, au fond de rivières boueuses. Par ailleurs, sa vision est mauvaise et diminue au fil du temps. L'électricité qu'elle produit ne lui permet pas de s'éclairer mais d'interpréter le monde qui l'entoure.

Haute tension

650 VOLTS

C'est la puissance de cette décharge, trois fois plus forte que celle d'une prise électrique.

Il n'y a pas de pitié
dans le monde sous-marin.

Dans les duos présentés ici, certains animaux font équipe, d'autres s'entre-dévorent. Sauras-tu deviner s'ils sont amis ou ennemis ?

Amis ou ennemis ?

Tortue-luth et méduse

Ennemis

TRÈS MORDANTE
La tortue-luth n'a pas de dents, mais sa gorge est garnie d'épines tournées vers l'arrière, qui retiennent les méduses capturées.

Nomeus gronovii et galère portugaise

Amis

TENTACULES MORTELS
Nomeus gronivii, un petit poisson, n'a aucun mal à se faufiler entre les tentacules urticants de la galère portugaise. Cela encourage d'autres poissons à s'approcher de son alliée, qui n'a plus qu'à se servir.

Rémora et requin

TRAVAIL D'ÉQUIPE...
Grâce à sa ventouse, le rémora se fixe aux flancs d'un requin pour voyager avec lui. Il mange les parasites du requin et les restes des proies que celui-ci laisse échapper. Aucun chercheur n'a jamais vu un requin manger un rémora.

Bernard-l'ermite et anémone de mer

Amis

UNE COQUILLE MOBILE

Ce bernard-l'ermite est protégé par une anémone de mer collée à sa coquille. En retour, l'anémone finit les repas de son hôte et profite de sa mobilité.

Crevette impériale et concombre de mer

Amis

COMME UN TAXI

Pour la crevette impériale, un concombre de mer est un autobus : il dessert les endroits où elle trouve à manger. Elle ne lui fait aucun mal, mais elle ne lui donne rien en échange.

Requin et pieuvre

Ennemis

QUESTION DE TAILLE

Les pieuvres sont souvent les proies des requins. Mais face à un spécimen de belle taille, le requin doit être prudent, car rien n'empêche la pieuvre de le piéger dans ses tentacules et de le dévorer elle-même.

Amis

Orque et baleine bleue

Ennemis

CHASSE EN GROUPE

Loin d'être intimidés par la taille des baleines bleues, les orques épaulards s'entendent parfois pour arracher les baleineaux à leur mère. Ils se jettent alors sauvagement sur ces jeunes proies isolées et sans défense.

Crevette barbier et mérou

Amis

LES DENTS DE LA MORT

La crevette barbier n'a pas peur de visiter la gueule du mérou. Pourquoi ? Parce qu'en mangeant les parasites qui y logent, elle soulage le mérou reconnaissant.

Stations-
SERVICE

À CERTAINS ENDROITS des récifs coralliens, des poissons font la queue pour être nettoyés par d'autres. Un poisson nettoyeur mange les parasites de son hôte, sa peau morte ou malade et le débarrasse des surplus de mucus. C'est un procédé gagnant-gagnant : le premier en sort repu et le second, propre comme un sou neuf !

Aux petits soins

Cette crevette ferait un bon petit déjeuner, mais elle ne risque rien : sa cliente, qui est pourtant une féroce murène, attend sagement qu'elle la débarrasse de tous ses parasites.

Non, il ne va pas l'avaler tout rond ! Cet énorme mérou patiente, le temps que le labre nettoyeur, reconnaissable à ses rayures noires et blanches, lui nettoie la bouche.

LUEURS DANS LA NUIT

70% des animaux qui nagent dans les abysses produisent de la lumière.

M'as-tu vu ?
Certains animaux, des calmars par exemple, ont sur la face ventrale des organes émetteurs de lumière, les photophores. Cela leur permet de ne pas attirer l'attention de leurs prédateurs, qui cherchent leurs proies en regardant d'en haut. En allumant ses photophores, le calmar devient brillant, et son ennemi s'en détourne, croyant voir le soleil.

Lumière en bouteille
Comme les minuscules algues contenues dans ce flacon, la plupart des organismes marins bioluminescents produisent une lumière bleu-vert. Cette couleur se voit mieux dans l'eau !

Dans les profondeurs obscures, on peut tout aussi facilement se cacher que heurter par mégarde un ennemi. Les animaux de ces milieux ont souvent une source de lumière interne, qu'ils allument ou éteignent selon leurs besoins. La façon dont cette lumière est produite s'appelle la **BIOLUMINESCENCE.**

La bioluminescence est une réaction chimique à base de luciférine. Les animaux ont plusieurs raisons de scintiller dans le noir : c'est un moyen de communication pour les uns, de séduction pour d'autres. Certains calmars et crustacés émettent un nuage de matières bioluminescentes pour repousser leurs prédateurs. La lumière peut aussi attirer les proies.

Ouste !
Parfois, la bioluminescence trompe l'ennemi. Presque tous les cténophores projettent des particules lumineuses pour distraire les prédateurs. D'autres méduses allument leur rangée de photophores pour les faire fuir, ou sacrifient quelques tentacules luisants en guise de leurres.

La mer scintillante
La nuit, tous les marins ont pu voir des étincelles de lumière dans l'eau. Ce phénomène est dû à des millions d'algues minuscules, les dinophytes. Elles rougissent l'eau en journée et, en cas de perturbation, comme au passage d'un bateau, émettent de la lumière. Elles scintillent aussi à l'approche d'un prédateur, alertant ainsi les ennemis de celui-ci, qui viendront les en débarrasser.

Par ici !
Au lieu de passer des heures à chercher ses victimes, on peut les attirer. De nombreux prédateurs, dont les baudroies abyssales, tentent les proies trop crédules grâce à un filet lumineux ou une tache de lumière au fond de leur bouche. Ces éclats de lumière permettent aussi de séduire un partenaire amoureux : ils révèlent le sexe du poisson et annoncent s'il est prêt à se reproduire.

LA SURVIE DANS

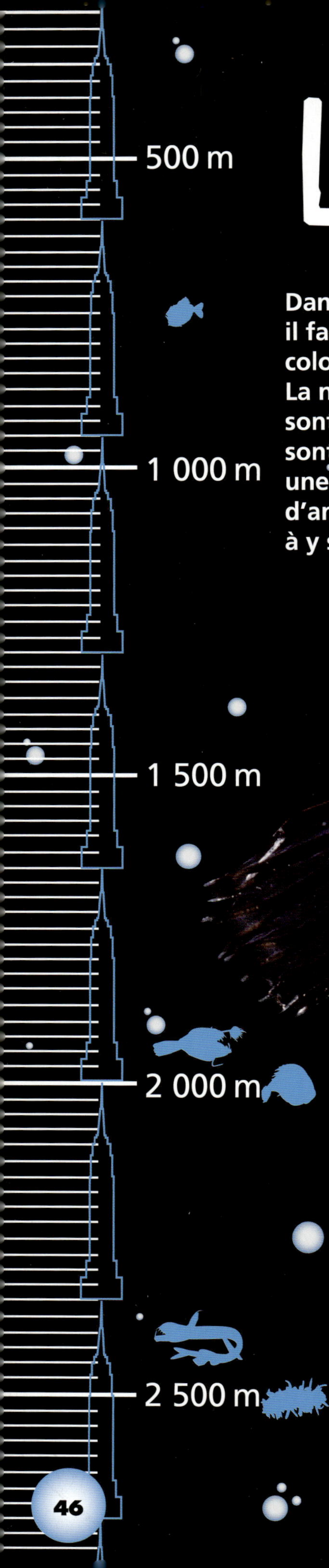

Dans les grands fonds océaniques, il fait noir et froid. La pression colossale tuerait un homme. La nourriture est rare, les bons repas sont espacés. À part ça, les abysses sont charmants… La preuve : une gamme étonnante d'animaux réussit à y survivre.

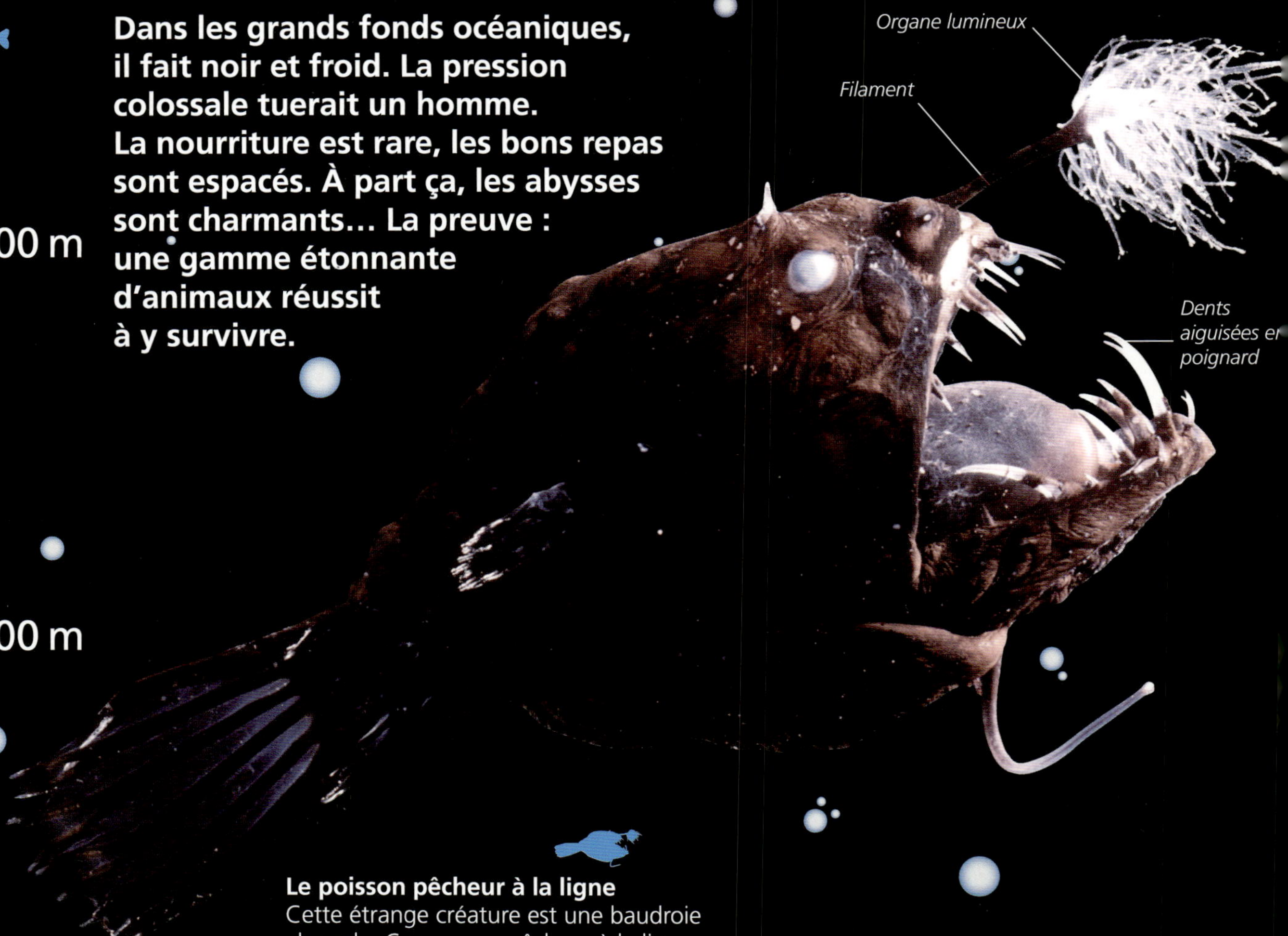

Le poisson pêcheur à la ligne
Cette étrange créature est une baudroie abyssale. Comme un pêcheur à la ligne, elle capture ses proies à l'aide d'un appât. Sa canne se balance au-dessus de sa bouche. C'est un filament terminé par un faisceau buissonnant qui émet une lumière bleu-vert. Le poisson l'agite pour attirer ses proies. Quand elles sont tout près, il les saisit d'un puissant coup de mâchoires et les avale tout rond.

PARTI À LA PÊCHE

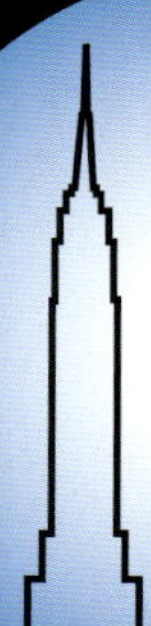

L'Empire State Building, gratte-ciel de New York, mesure 443 m de haut.

LES ABYSSES

Allumé et invisible
Le ventre du poisson-hachette porte des organes luminescents et ses flancs possèdent des plaques verticales réfléchissant la lumière. Ces lueurs le rendent invisible : vu de dessous, il se confond avec le faible rayonnement provenant de la surface.

Les dents longues
De grandes dents sont un avantage certain dans les abysses, mais le poisson-ogre ne fait pas les choses à moitié : c'est lui qui a les dents les plus longues par rapport au corps. Ses crocs inférieurs sont si grands qu'ils se rangent dans des alvéoles spéciaux de son palais quand il ferme la bouche.

Les nettoyeurs des grands fonds
Les concombres de mer sont des charognards : ils passent leur temps à aspirer du plancton et des matières organiques en décomposition. Ils filtrent les particules en fouillant les sédiments marins. Presque incolores, ils sont néanmoins luminescents.

Matériel de survie

- Squelette léger, tissus gélatineux, muscles réduits
- Faible activité
- Grande bouche
- Estomac extensible pour les grosses proies
- Longues dents pointues pour manger tout ce qui passe à portée
- Couleurs ternes pour se camoufler
- Lumière pour attirer les proies

Un redoutable chasseur
Le poisson-vipère, aussi étrange que laid, a une tête et des dents démesurées. Ses flancs et son ventre sont luminescents. C'est l'un des plus terribles prédateurs des abysses. Il nage rapidement vers ses victimes, qu'il empale sans pitié sur ses dents tranchantes.

PAPA *Gâteau*

Certains poissons pondent plus de deux millions d'œufs par an.

Souvent, ces œufs sont abandonnés à leur sort dans l'océan, où leurs chances de survie sont minces : beaucoup seront dévorés. Dans certains cas, les parents pondent moins, mais veillent sur leurs œufs. Il arrive même que ce soit les mâles qui protègent la ponte en attendant l'éclosion.

Papa attend des bébés !

Chez les hippocampes, les rôles sont inversés. La femelle dépose ses œufs dans la poche ventrale du mâle, où ils sont incubés en sécurité. Au bout de 8 à 10 jours, le père contracte son ventre pour aider ses rejetons à sortir par une petite ouverture.

La bouche pleine

Cet opistognathe n'est pas un cannibale qui dévore ses petits. Il pratique l'incubation buccale. Il récupère les œufs pondus par la femelle et les garde dans sa bouche. Il ne mangera rien jusqu'au départ des petits, le jour de l'éclosion.

Un bon gardien

Les épinoches veillent scrupuleusement sur leurs œufs. Le mâle commence par aménager un nid où la femelle pond. Pendant les deux semaines suivantes, en attendant l'éclosion, il monte la garde sans manger, prêt à chasser tout intrus.

Bien emballés

Si tu regardes bien, tu verras que ce poisson-grenouille mâle, *Histiophryne cryptacanthus,* a enroulé sa queue autour d'un paquet d'œufs pondus là par la femelle. Il tiendra sa queue ainsi rabattue jusqu'à l'éclosion.

Le danger

Marcher sur un oursin est l'un des accidents de baignade les plus courants. Généralement, cela ne cause que des douleurs plus ou moins aiguës, voire une infection. Les symptômes deviennent plus graves si le piquant reste enfoncé dans la plaie.

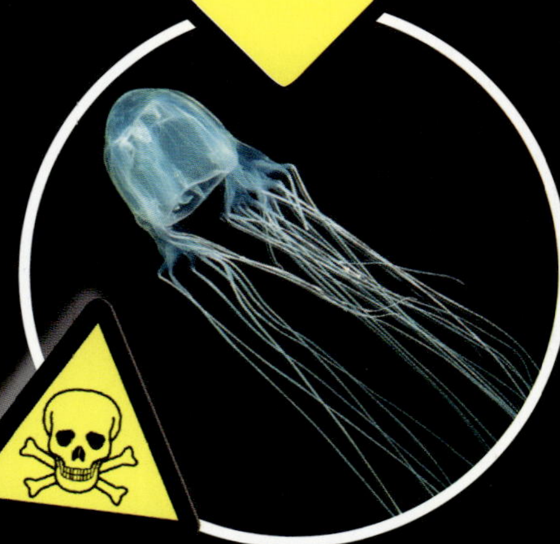

La guêpe de mer, ou cuboméduse d'Australie, pourrait être la créature marine la plus dangereuse. Grosse comme un seau, elle se trouve dans les estuaires et près des côtes australiennes. Avec ses tentacules qui atteignent 3 m de long, elle injecte un poison mortel à ceux qui la touchent, provoquant douleurs atroces, troubles respiratoires et arrêts cardiaques.

Le corail de feu, même s'il ressemble au corail et vit dans les récifs coralliens, est en fait proche de la méduse. Quand un plongeur touche par mégarde ses minuscules tentacules, il ressent pendant 5 à 10 minutes des picotements et des brûlures, assortis de rougeurs. Il risque aussi de s'évanouir et ses ganglions lymphatiques peuvent enfler. On constate plus rarement une réaction allergique sévère.

Le poison du cobra de mer est bien plus toxique que celui du cobra. La nuit, ce serpent nage près des côtes. Ses victimes sont souvent des pêcheurs qui veulent le retirer de leurs filets. Comme sa morsure est modeste et peu douloureuse, elle passe parfois inaperçue jusqu'à ce qu'il soit trop tard.

Pour se défendre, certaines créatures marines produisent des substances

On distingue plus de 250 espèces de raies, dont certaines, comme les pastenagues, sont dites « armées ». Elles possèdent, à la base de la queue, un ou plusieurs aiguillons dentelés au venin hautement toxique. En 2006, le naturaliste australien Steve Irwin a été tué par une pastenague qui lui a percé le cœur.

La pieuvre à anneaux bleus injecte un poison assez puissant pour tuer un homme en moins d'un quart d'heure. Heureusement, elle n'est pas agressive. Elle ne passe à l'offensive que si on l'attaque ou si on lui marche dessus. En temps normal, ses anneaux sont peu visibles ; en cas d'alerte, ils deviennent plus clairs et irisés afin d'avertir l'ennemi.

L'homme est plus dangereux pour les requins que l'inverse. Rares sont les espèces qui attaquent les nageurs et les plongeurs. La plus connue est le requin blanc, à la terrifiante rangée de dents. Parfois, quand il chasse les gros animaux marins, ses proies préférées, il se méprend et attaque un être humain.

Deuxième espèce d'étoile de mer par la taille, la couronne d'épines atteint 60 cm de diamètre. Elle a entre 13 et 16 bras hérissés de piquants toxiques. Si tu marches dessus, ton pied irrité restera gonflé plusieurs jours, parfois plusieurs semaines. Tes ganglions lymphatiques risquent aussi d'enfler, sans compter la nausée et les vomissements.

Grâce à son camouflage très efficace, le poisson-pierre passe inaperçu. Il inocule son redoutable venin au moyen d'épines assez solides pour percer une semelle. En l'absence de traitement, cela cause des douleurs insupportables, parfois pendant des mois. Cette substance est assez puissante pour nécroser les tissus : la victime est condamnée à l'amputation, voire à la mort.

rôde sous l'eau

Aïe !
Ça pique !

Ces méduses et leur sosie, la galère portugaise, paraissent trop fragiles pour faire peur. Pourtant, leurs longs tentacules débordent de poison. Leurs piqûres peuvent entraîner la mort, mais les méduses ne sont pas forcément dangereuses. Elles sont présentes dans toutes les mers, formant parfois des bancs.

ENTRE AMIS

En sécurité
Non, ce ne sont pas des victimes mais des amis : ces petits poissons ne sont pas morts. Recouverts d'un mucus protecteur, ils ne risquent rien au contact des filaments de la méduse. Celle-ci offre un bon refuge : quel prédateur irait chercher ses proies dans un tel piège ?

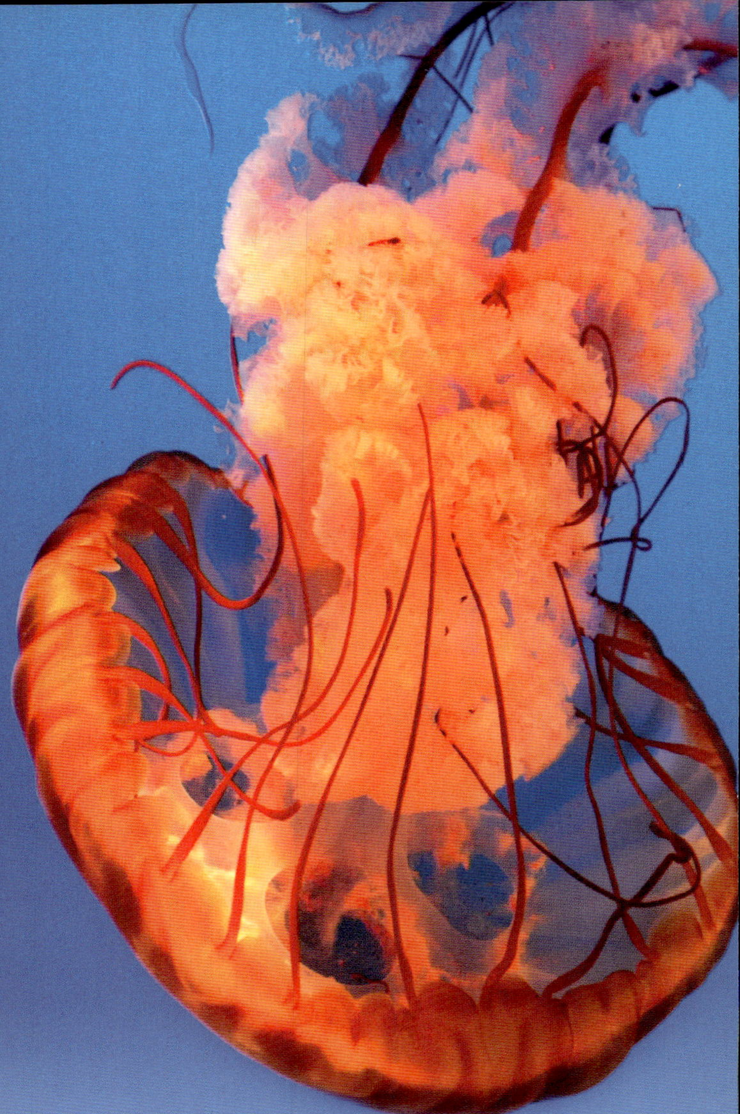

À la dérive
La plupart des méduses se laissent porter par les courants. Pour aller plus vite, elles nagent. En se contractant et en s'étirant, elles repoussent l'eau et se propulsent.

Le venin de la guêpe de mer peut tuer en quelques minutes.

ATTENTION !

Si tu vois un panneau comme celui-ci sur une plage, tu es prévenu : « Attention, méduses ! » Même morte et échouée, une méduse peut encore faire mal.

Sans âge Les méduses flottent et piquent depuis plus de 500 millions d'années. Cela veut dire qu'elles sont apparues sur la Terre bien avant les dinosaures. Et elles sont toujours là, elles !

Sans cerveau Le jour de la distribution des cerveaux, les méduses ont été oubliées ! Elles ont tout de même un système nerveux rudimentaire, grâce auquel elles détectent leurs proies et réagissent en cas de danger.

La méduse à crinière de lion

Quand on voit ses innombrables filaments de 30 m de long, on n'a pas envie de jouer avec elle. Si un poisson la frôle de trop près, il se retrouve pris au piège des tentacules, qui inoculent un poison paralysant. La méduse n'a plus qu'à se régaler.

LA PLUS GRANDE DES MÉDUSES

UNE COLONIE FLOTTANTE

Galère portugaise

Ce proche parent des méduses, aussi appelé physalie, est en fait une colonie, un regroupement d'organismes indépendants, chacun ayant un rôle défini. Ils sont réunis sous un flotteur poussé par le vent, comme si c'était une voile.

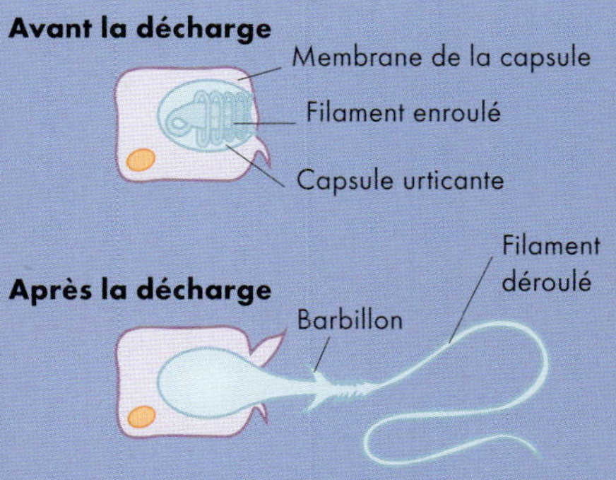

Des décharges mortelles

Les tentacules des méduses et des physalies (ci-dessus) renferment de minuscules cellules urticantes. En cas de contact, chacune déploie un filament barbelé, sorte de mini-harpon qui s'enfonce dans la peau de la victime.

Sans yeux Les méduses n'ont ni tête ni yeux, et pourtant elles perçoivent la lumière grâce à des cellules réparties sur le bord de leur ombrelle. Elles distinguent l'obscurité et la clarté, qui les attire systématiquement.

Sans foie Ni cœur, ni os, ni sang... Rien de cela chez les méduses, dont la masse gélatineuse ressemble plutôt à un sac rempli d'eau. Elles font tout de même trembler les nageurs et les plongeurs.

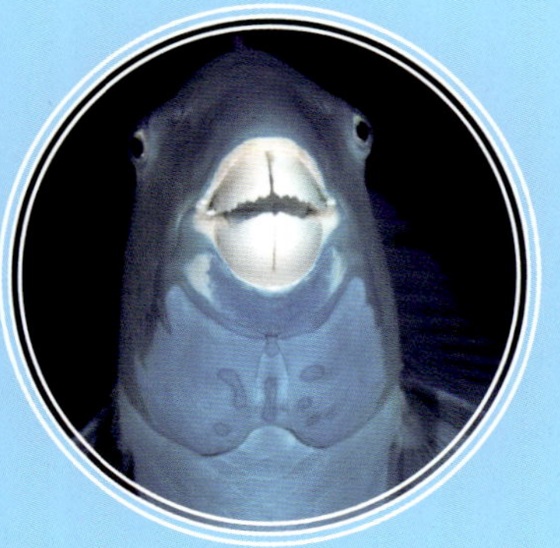

BEC de perroquet

Le poisson-perroquet est un poisson *tropical* producteur de sable. Il vit au milieu et en bordure des **récifs coralliens,** en mer Rouge, dans l'océan Indien, l'océan Pacifique et aux Antilles. Il doit son nom à SES DENTS qui ont fusionné en UNE SORTE DE BEC, rappelant celui d'un ***perroquet.*** Certaines espèces sont **ÉNORMES.**

Le poisson-perroquet est très *AFFAIRÉ* : il passe presque tout son temps à brouter dans les récifs coralliens.

Les coraux
Son « bec » racle efficacement les algues (son aliment principal) sur les coraux. Ce poisson joue donc un rôle important pour **freiner l'envahissement du récif par les algues.**

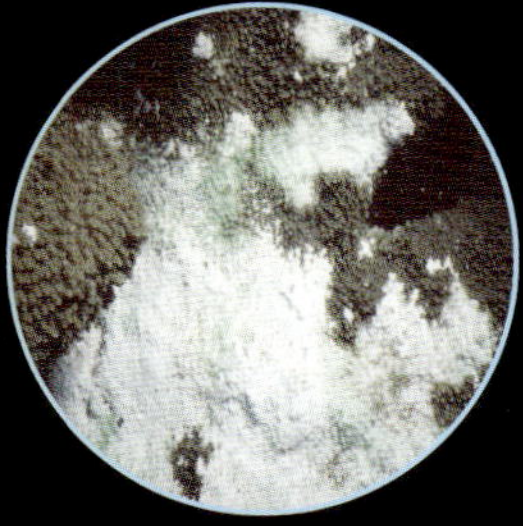

Les déchets

Les morceaux de corail avalés par le poisson-perroquet à bosse sont broyés entre ses dents, et excrétés sous forme de sable. **Ce sable a contribué à former les plages des Caraïbes.**

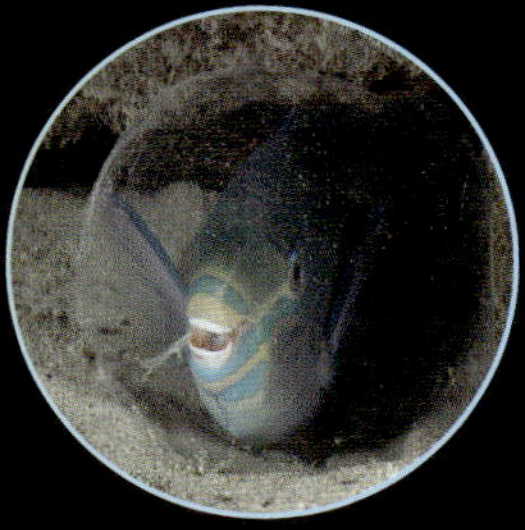

La sécurité

Le soir, certaines espèces revêtent une sorte de pyjama : ils sécrètent un mucus transparent qui forme une bulle autour du corps, masquant leur odeur et **les protégeant des prédateurs.**

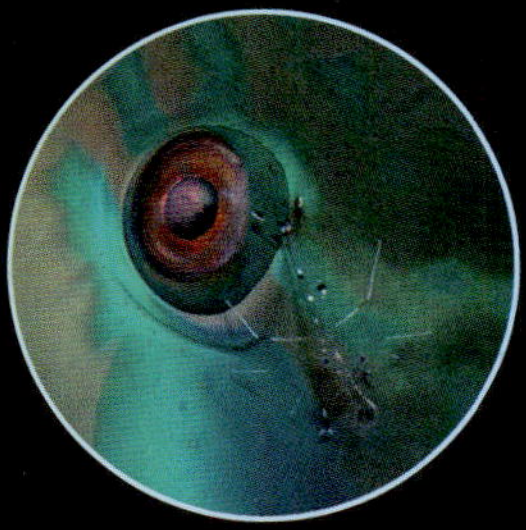

La toilette

Les crevettes barbiers débarrassent les poissons-perroquets des parasites et des peaux mortes autour des yeux et de la bouche, **leur évitant infections et maladies.**

Fille ? Garçon ?

Le sexe des poissons-perroquets n'est pas immuable. Par exemple, dans un groupe, si le mâle meurt, une des femelles peut **changer de sexe (et de couleur) pour le remplacer.**

À table !

Le poisson-perroquet est aussi bon pour les papilles que pour la santé. Hélas, **une pêche trop intensive pourrait briser l'équilibre naturel des récifs.**

Le poisson-perroquet à bosse, le plus gros de la famille, passe devant les plongeurs sans réagir.

Il est GONFLÉ !

LE POISSON PORC-ÉPIC joue un sale tour à ses prédateurs. En cas de danger, il se gonfle au point de devenir une boule piquante, assez hérissée pour leur couper l'appétit.

Quand je remplis d'eau mon estomac, je double ou triple de volume. Ma peau s'étire et mes piquants se dressent.

Au repos

En temps normal, les piquants de ce poisson plutôt lent sont plaqués contre son corps. On dirait une proie facile…

… mais les prédateurs devraient y regarder à deux fois !

PRIS PAR SURPRISE, le poisson porc-épic se gonfle d'un coup, parfois même dans la gueule du prédateur. Aïe !

Il a l'air doux et innocent…

Un ballon d'eau

Pour tripler de volume, le poisson porc-épic fonctionne comme une pompe. Son estomac extensible se remplit d'eau en quelques secondes et se gonfle comme un ballon. Sous l'effet de cette augmentation de volume, son arête centrale se courbe. Quand le danger s'éloigne, le poisson se dégonfle.

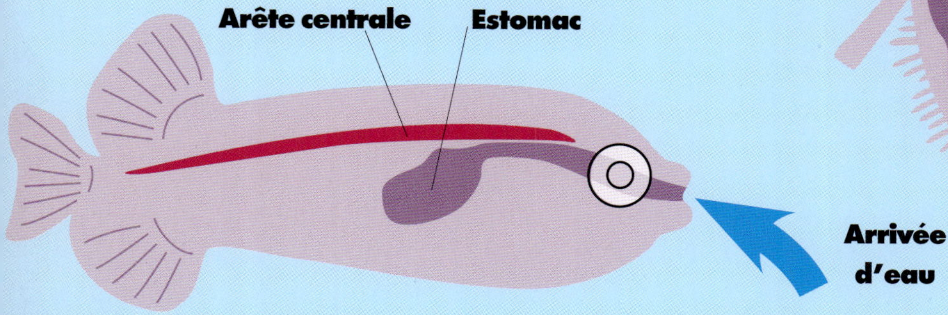

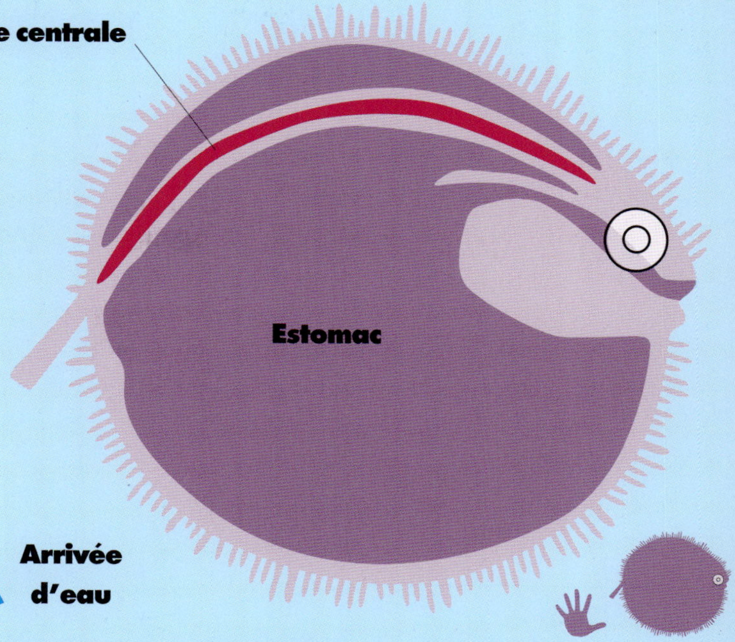

mais quand on le cherche, ça le gonfle !

Une bouffée d'AIR

Les narines d'une baleine, ou évents, se trouvent sur son crâne. Une baleine inspire et expire très vite, expulsant l'air de ses poumons à près de 480 km/h ! La vapeur d'eau de son souffle est alors transformée en gouttelettes qui jaillissent jusqu'à 10 m de haut.

Une baleine pourrait-elle se noyer ? Eh oui ! Même si les mammifères marins (baleines, dauphins…) vivent dans l'eau, ils ont besoin de respirer dans l'atmosphère. Les poissons extraient l'oxygène de l'eau grâce à leurs branchies. Les mammifères marins, eux, ont des poumons, comme nous. Les baleines et les dauphins remontent donc régulièrement à la surface pour faire provision d'oxygène.

Avant de plonger, la baleine referme ses évents pour les empêcher de se remplir d'eau.

L'HALEINE de la baleine SENT LE POISSON POURRI.

Inspiration

Combien de temps peux-tu retenir ta respiration ? **Trente secondes,** peut-être ? La baleine à bec de Cuvier est une championne d'apnée parmi les mammifères marins : elle peut tenir **85 minutes** sans remonter et peut plonger **à 2 000 m de profondeur.**

Contrôle cérébral

Chez nous, la respiration est régulée automatiquement par le cerveau, même quand nous dormons. Baleines et dauphins exercent un contrôle volontaire de leur respiration et l'adaptent à leurs efforts. Ils ne doivent pas sombrer dans un sommeil profond : ils cesseraient alors de respirer. Ils somnolent par petites périodes, à fleur d'eau. Pendant ces pauses, une moitié de leur cerveau reste en activité. L'autre moitié, elle, pique un petit somme !

Brisons la glace !

Les cétacés des régions polaires, comme ces orques, risquent de manquer d'air quand la mer gèle. Ils cherchent donc des brèches entre les blocs de glace. La baleine boréale, énorme espèce de l'Arctique, éprouve moins de difficultés : d'un coup de sa tête massive, elle fend des blocs de plus de 30 cm d'épaisseur.

Tanya Streeter, championne de plongée en apnée, retient sa respiration pendant **6 minutes !**

Ouf… enfin en surface. Il était temps !

Sauvée par le MUCUS

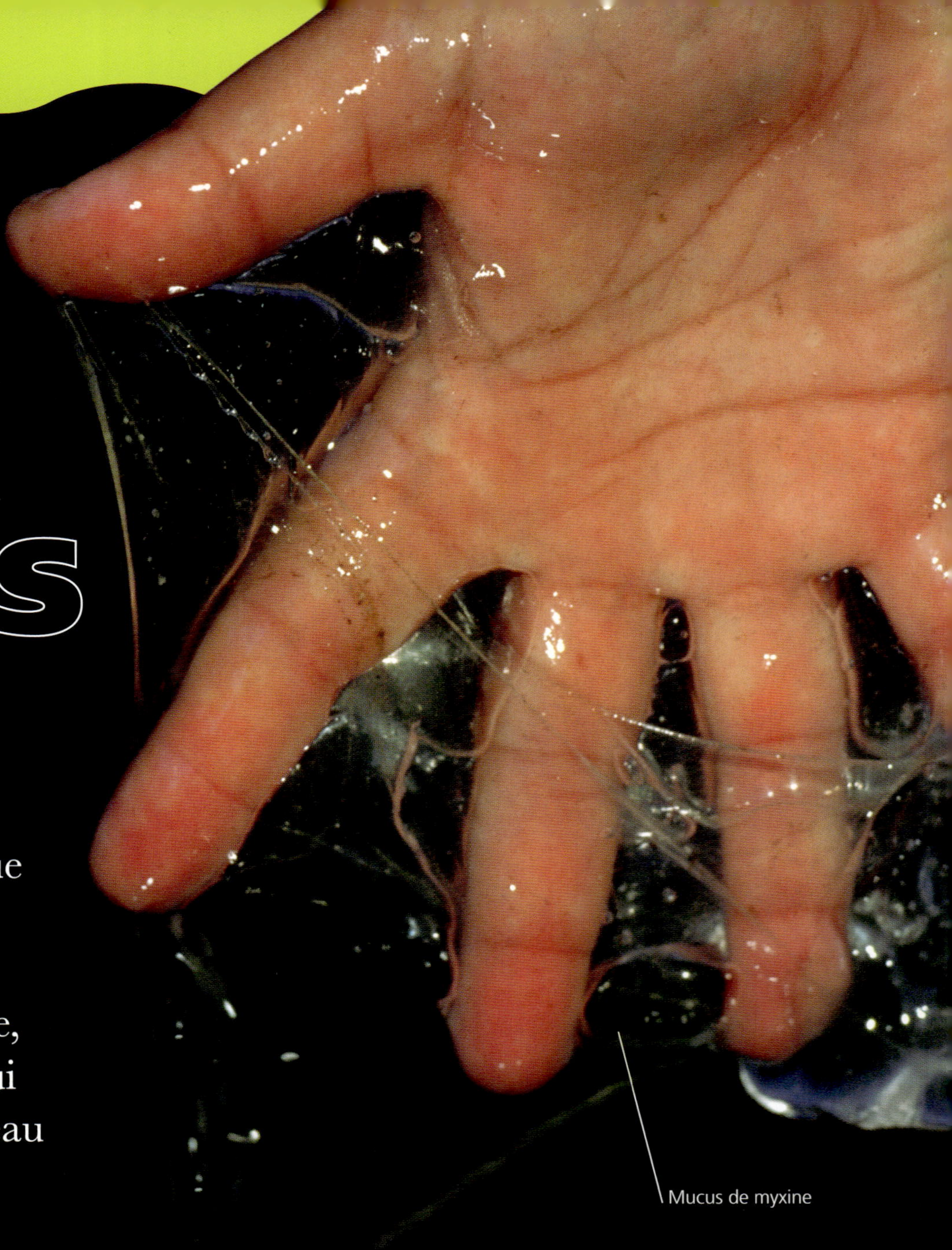

PEU COLORÉE, ***serpentiforme*** et presque aveugle, ***LA MYXINE*** se défend d'une étrange manière. En cas d'attaque, ***elle émet du mucus,*** qui se gélifie au contact de l'eau de mer. L'agresseur se retrouve ainsi englué.

Très efficace

En quelques minutes, une myxine adulte sécrète assez de mucus pour gélifier un grand seau d'eau. Cette substance a une texture de colle à papier peint. Elle obstrue les yeux, la bouche, la gorge ou les branchies de l'ennemi, qui meurt étouffé.

Des capacités étonnantes

Des centaines de glandes à mucus sont réparties le long du corps de la myxine. Elles en produisent une quantité impressionnante. De nature filamenteuse, ce mucus s'étire sans se briser.

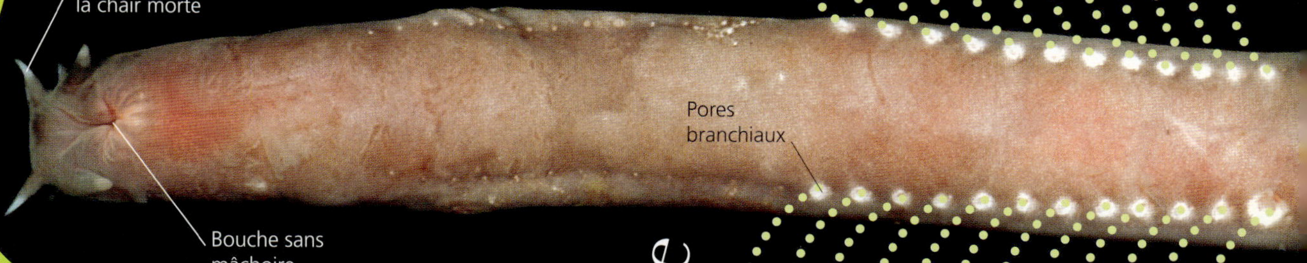

C'est dégoûtant !

Les goûts alimentaires de la myxine ont de quoi couper l'appétit : elle se faufile dans des bêtes mortes ou mourantes et les mange de l'intérieur. Là encore, elle se noue sur elle-même, pour faire levier sur les chairs et en prélever des morceaux.

Grand nettoyage

Pour décoller mon mucus, je m'enroule sur moi-même et je fais coulisser le nœud jusqu'à ma queue.

Un as de la gâchette

Les balistes, ou « poissons-gâchettes », hôtes colorés des récifs coralliens, ont un corps plat et des yeux pivotants au sommet de la tête. Leur surnom vient des rayons épineux de leur nageoire dorsale, articulés comme une gâchette de revolver.

Le mécanisme à la loupe

Quand le plus grand rayon de la nageoire dorsale se dresse, un autre, plus petit (la « gâchette »), se soulève et le bloque en position levée (fig. 1). Au moment où la gâchette se remet en place, elle libère le rayon dressé, qui redescend lui aussi (fig. 2). Ils reprennent ainsi leur position de repos (fig. 3).

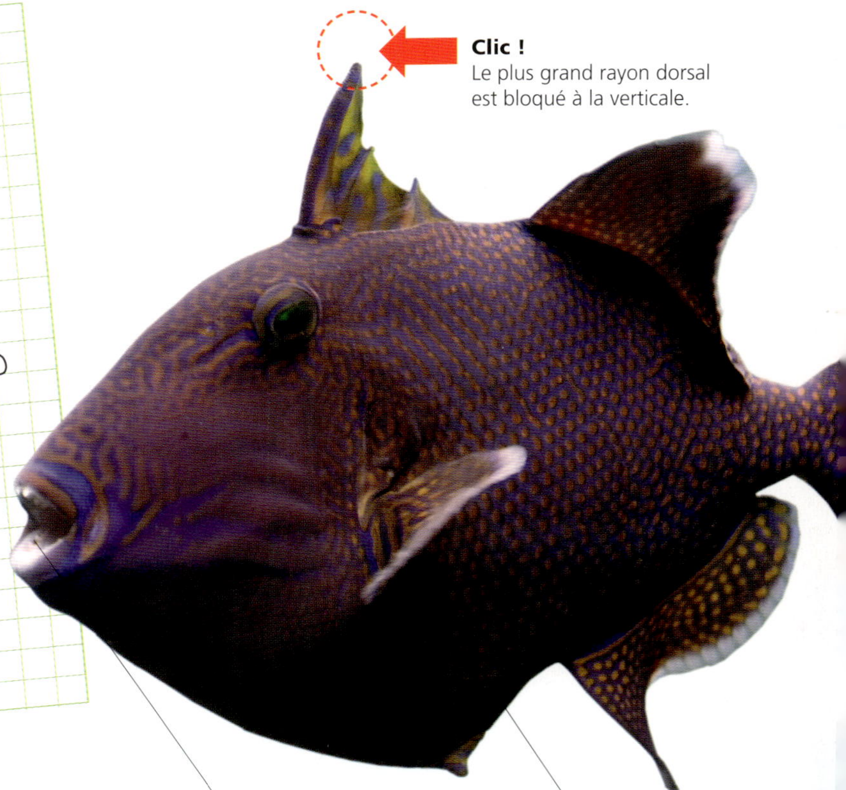

Clic !
Le plus grand rayon dorsal est bloqué à la verticale.

Une mâchoire musclée
Malgré sa taille réduite, la mâchoire du baliste est très puissante.

Bien couvert
Le baliste est protégé par une couche d'écailles rigides comparable à une armure.

Dans son trou
Ce baliste se réfugie dans son antre. Son corps mince se glisse sans mal dans les anfractuosités.

Pour échapper à ses prédateurs, le baliste se glisse dans des crevasses rocheuses ou coralliennes, puis il dresse sa nageoire dorsale. Un deuxième rayon vient s'emboîter à la base du premier, qui reste à la verticale. Le baliste ne peut plus être délogé. Quand le danger s'éloigne, il rabat son rayon pour se libérer.

TERRITOIRE

ENTRÉE INTERDITE

Habit de clown
L'étonnant baliste clown combine les couleurs et les motifs.

Jet d'eau
Le baliste bleu attaque les oursins par le dessous. Il les retourne en crachant des jets d'eau.

Croc !
Ce baliste olivâtre brise un gros coquillage pour en manger le contenu.

LA ZONE DU CÔNE

Le baliste défend farouchement son territoire de ponte à l'intérieur d'une zone en forme de cône inversé dont la pointe correspond au nid. Un plongeur nageant vers la surface pour échapper à un poisson irascible reste dans la zone protégée et risque d'être poursuivi. Mieux vaut s'éloigner sans changer de profondeur.

DES DENTS pour MORDRE

En plongée sur un récif, on croise souvent un baliste. Ses dents sont bien plus à craindre que ses rayons épineux. Sa petite bouche cache des dents disproportionnées, adaptées à un régime de fruits de mer durs à croquer : oursins, huîtres, palourdes, escargots de mer… Mordre à travers la combinaison d'un plongeur importun ne lui est donc pas difficile. On a vu des hommes-grenouilles remonter avec des traces de morsures aux oreilles, aux doigts ou aux pieds !

Natation synchronisée

UN POUR TOUS, TOUS POUR UN

Les poissons aiment vivre en société. Ils se déplacent souvent en bancs, comme ces barracudas à queue noire, dans l'océan Pacifique. L'effet de groupe les protège, et 200 paires d'yeux sont plus efficaces qu'une seule pour détecter les prédateurs.

MON ŒIL !

LA BALEINE À BOSSE est une énorme créature : elle atteint 15 m de long. Pourtant, elle nage gracieusement. Elle a une tête volumineuse et une mâchoire d'une longueur exceptionnelle, compte tenu des dimensions de son corps.

Malgré sa masse, ses globes oculaires ne sont pas plus gros qu'une pomme.

NOM : tortue imbriquée
Eretmochelys imbricata
STATUT : en danger d'extinction
Leur faible taux de reproduction rend les tortues de mer particulièrement vulnérables. Celle-ci est recherchée pour sa chair et sa carapace décorative.

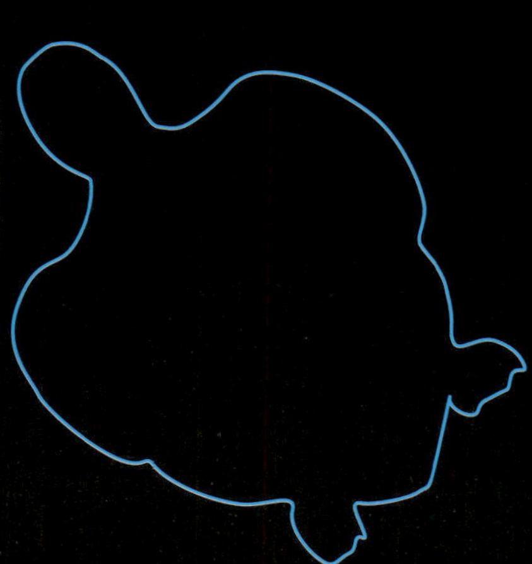

Scarus guacamaia
STATUT : vulnérable
La destruction des mangroves prive ce poisson des récifs de son milieu de reproduction. D'autres menaces pèsent sur lui : pollution, surpêche, aménagement du littoral…

EST-IL DÉJÀ TROP TARD ?

MENAÇANTS

DE NOMBREUSES ESPÈCES MARINES sont ***menacées.***

Effets sonores

Répète, un peu ?

Les poissons ne papotent pas autour d'une table, mais ils émettent une large gamme de sons pour communiquer. Ils se disent ainsi où sont les proies, intrus et partenaires, et se renseignent sur les intentions des animaux qu'ils croisent.

Les poissons-tambours et le chevalier ponctué appartiennent à une catégorie bien spéciale de poissons : pour signaler qu'ils sont prêts à se reproduire, ils émettent des bruits de tambour. Comme la demoiselle, ils produisent ce son très caractéristique en faisant vibrer leur vessie natatoire.

Face à un danger, certaines espèces de **balistes** émettent un grognement ou un grondement.

Les mâles des demoiselles veillent de près sur leur territoire. Quand ils chassent des intrus (ou leurs rivaux, en période de reproduction), ils pépient et font des « pop ». Pour séduire les femelles, ils se contentent de babiller. Quant aux femelles, elles sonnent l'alarme de la même façon en cas de danger. Ces sons sont produits par des muscles spéciaux qui font vibrer leur vessie natatoire (poche d'air qui règle la flottabilité du poisson).

Z

Pour gronder, **les gorettes** frottent ensemble leurs dents du pharynx. Là aussi, leur vessie natatoire amplifie le son par un effet de chambre acoustique.

Grrr...

Z

Boum Boum

Z

Z

En faisant vibrer les parois de leur vessie natatoire, **les poissons-crapauds** mâles produisent un boum-boum grave qui rappelle une corne de brume et attire les femelles. On compare parfois ce bruit à celui d'une rame de métro dans un tunnel !

Clic, clic !

Pendant la parade nuptiale, **hippocampes et syngnathes** émettent des cliquetis en frottant bord à bord les plaques osseuses de leur corps.

Les gobies émettent des sons au cours de leur parade nuptiale. Pour repousser les prédateurs, ils produisent un ronflement.

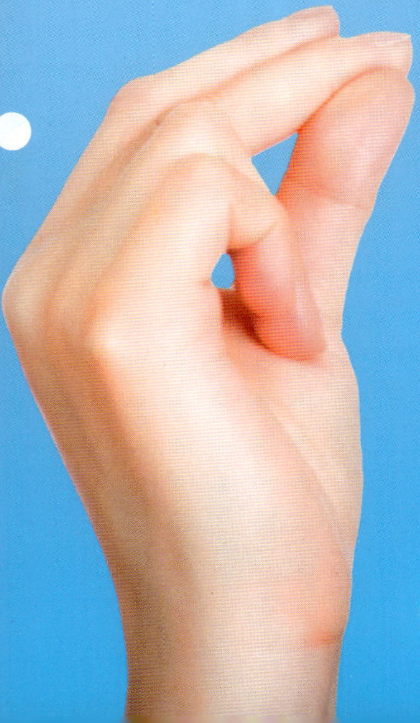

Les harengs font des « prouts » aigus en expulsant par l'anus les gaz de leur vessie natatoire (selon le principe du coussin péteur). Ils ne se montrent vraiment bruyants que la nuit ; s'ils agissent ainsi, c'est peut-être pour éviter de se perdre.

Oh, pardon !

La seiche CAMÉLÉON

Grâce à des cellules pigmentaires spéciales sous sa peau, la seiche change de couleur en un clin d'œil. Pour conquérir les femelles, les mâles paradent en faisant clignoter des rayures vivement colorées.

La seiche géante d'Australie mesure parfois 1,50 m. À la saison des amours, le mâle nage en eau peu profonde et affiche de rapides changements de couleur pour attirer les femelles.

1 Ici, la seiche est bien camouflée.

2 Elle décide de changer de couleur…

3 et ses contours deviennent plus visibles…

SOUS-MARIN

Une seiche ne change pas de couleur uniquement pour séduire, mais aussi pour…

se cacher…

manifester son humeur…

abuser ses proies.

Ces deux seiches

nagent de concert, celle du dessus semblant caresser l'autre. En fait, sa couronne de tentacules cache une paire de tentacules tueurs. Elle peut les déployer d'un coup pour prendre par surprise un poisson ou un crabe.

Grâce à leur bonne vision binoculaire, les seiches repèrent facilement leurs proies. Comme les pieuvres et les calmars, leurs cousins, elles projettent parfois un nuage d'encre noire à l'aide de leur siphon pour semer leurs agresseurs.

4 de plus en plus…

5 et encore plus…

6 Le tout, en quelques secondes.

LE CLUB DES CHAMPIONS

NATATION **L'orque** *(Orcinus orca)* et **le marsouin de Dall** *(Phocoenoides dalli)* peuvent tous deux atteindre 56 km/h. Ce sont les plus rapides de tous les mammifères marins. L'orque détient un autre record : c'est le plus grand des dauphins.

plongée taille course natation vitesse chant

Le poisson LE PLUS RAPIDE

Le voilier est champion de vitesse sur de courtes distances. L'un d'eux a atteint 110 km/h. À comparer avec la vitesse de pointe du guépard : 100 km/h environ.

LA PLUS GROSSE méduse

La méduse à crinière de lion vit dans les eaux froides de l'Atlantique nord et du Pacifique nord, et au large de l'Europe du Nord. On a mesuré des spécimens ayant une ombrelle de près de 2,50 m de large et des tentacules de 37 m !

LE GÉANT DES invertébrés

Les calmars dépassent rarement 60 cm de long. Pourtant le calmar géant atteint 13 m. Mais il y a mieux : en 2003, on a découvert **le calmar colossal** *(Mesonychoteuthis hamiltoni)*, qui peut mesurer 14 m. C'est le plus grand invertébré en vie aujourd'hui.

La baleine bleue peut plonger à 200 m. Elle dresse la queue hors de l'eau et se propulse vers les profondeurs grâce à ses puissants muscles dorsaux.

LE PLUS GRAND crustacé

Dans les fonds marins du Pacifique, autour du Japon, **le crabe-araignée géant** mesure entre 2,50 m et 2,75 m d'envergure ; le plus grand jamais observé atteignait près de 4 m et pesait 19 kg.

Le doyen des poissons

On estime l'âge des poissons par marquage ou par analyse des stries d'accroissement des écailles ou des otolithes (cristaux dans l'oreille interne). On a ainsi appris que **le sébaste à œil épineux,** dans le Pacifique, peut atteindre 205 ans.

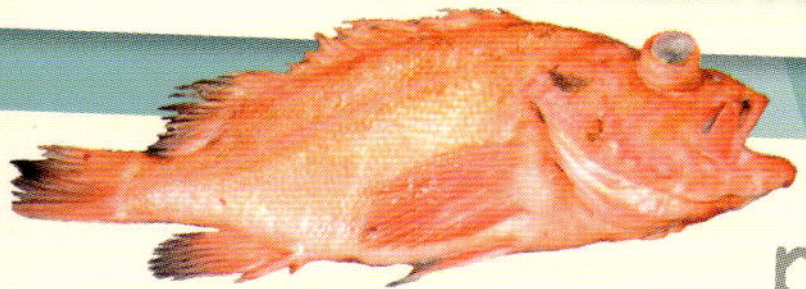

Sébaste à œil épineux

plongée taille

Le poisson LE PLUS CHER

Les œufs d'esturgeon bélouga, une fois rincés, séchés et salés, sont vendus sous le nom de caviar. C'est l'un des aliments les plus chers du monde. Une femelle saisie en 1924 a produit 245 kg de caviar premier choix, ce qui vaudrait aujourd'hui plus de 1 million d'euros !

LE PLUS PETIT poisson

De tous les poissons de mer, le plus petit et le plus léger est ***Schindleria brevipinguis,*** également classé plus petit vertébré. Il vit dans la Grande Barrière de corail, en Australie. Les mâles atteignent à peine 7 mm, les femelles un peu plus.

Poisson TOXIQUE

Le tétrodon hérissé, poisson de la mer Rouge et de l'océan Indien, est l'un des plus nocifs. Il produit une puissante toxine dans son foie.

LA PLUS GRANDE profondeur

Au large du Japon, dans le Pacifique, **la fosse des Mariannes** descend à presque 11 km. C'est l'endroit où la mer est la plus profonde.

plongée taille course chant

LE PLUS GRAND mollusque

En 1965, on a découvert un **bénitier** large de 137 cm. Un autre, trouvé en 1917, mesurait 120 cm et pesait 263 kg.

Le vol LE PLUS LONG

Les poissons volants ne volent pas vraiment : ils planent au-dessus de l'eau grâce à leurs nageoires pectorales larges et rigides. Selon le vent et l'état de la mer, ils peuvent planer sur 200 m, atteignant parfois une hauteur de 10 m.

LES PLUS BRUYANTS

La baleine bleue, le rorqual commun et la baleine boréale émettent des ondes de basse fréquence qui atteignent entre 186 et 189 décibels. Ces sons, les plus puissants émis par des êtres vivants, dépassent les 120 décibels d'un avion au décollage.

Le ver LE PLUS LONG

Le ver rubané géant, le plus long ver marin et probablement le plus long de tous les vers, vit dans les eaux peu profondes de la mer du Nord. En 1864, un spécimen de 65 m de long s'est échoué sur une plage.

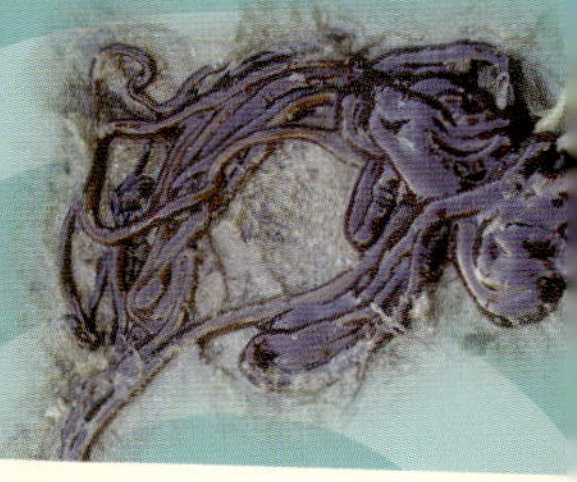

La plus GRANDE

Non contente d'être le plus grand animal marin, **la baleine bleue** est aussi le plus grand de tous les animaux vivants. En 1926, on a capturé près des îles Shetland une baleine de 33,60 m de long. Son cœur avait la taille d'une voiture, et sa langue était assez grande pour que 60 personnes tiennent debout dessus.

La plus longue espérance de vie

En 2007, une **cyprine** (sorte de palourde) a été collectée à 80 m de profondeur, près de la côte nord de l'Islande. Les spécialistes ont estimé son âge entre 405 et 410 ans. Cela pourrait en faire la doyenne du monde animal !

Cyprine

course natation vitesse chant

À LA DÉRIVE

Au gré du courant
Le mot plancton vient d'un terme grec qui signifie « itinérant ». Cela résume la vie des êtres planctoniques : ils se laissent porter par les courants océaniques.

LA ZONE EUPHOTIQUE, ÉCLAIRÉE PAR LE SOLEIL, grouille de vie. Même si nous ne les voyons pas, **des myriades d'êtres microscopiques** – aussi bien des animaux que des végétaux et des bactéries – vivent et dérivent à la surface de l'océan : c'est **le plancton**.

1. Larve de concombre de mer **2.** Radiolaire **3.** Larve d'escargot de mer **4.** Œufs de poisson **5.** Méduse **6.** Larve de crevette **7.** Copépode

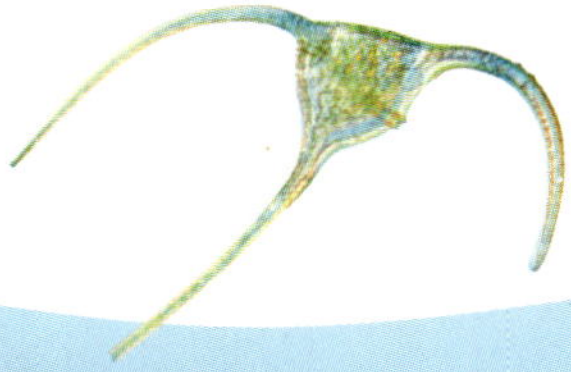

Le phytoplancton

Cet ensemble regroupe les végétaux microscopiques qui vivent près de la surface de l'océan. La lumière est indispensable à la photosynthèse qui les alimente en énergie. Les principaux groupes sont les diatomées, les dinoflagellés et les cyanobactéries.

Le zooplancton

Ces animaux, qui vont des êtres microscopiques unicellulaires à la méduse, sont répartis en deux catégories. L'holoplancton réunit les espèces qui passent toute leur vie sous une forme planctonique (krill et copépodes par exemple). Le méroplancton est constitué d'œufs et de larves de poissons, de crustacés et d'autres animaux qui, une fois adultes, nagent librement ou vivent sur le fond.

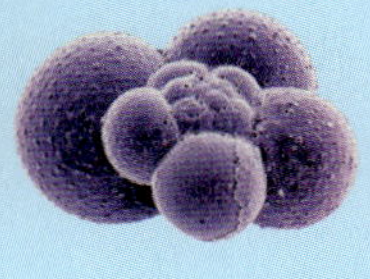

Le bactérioplancton

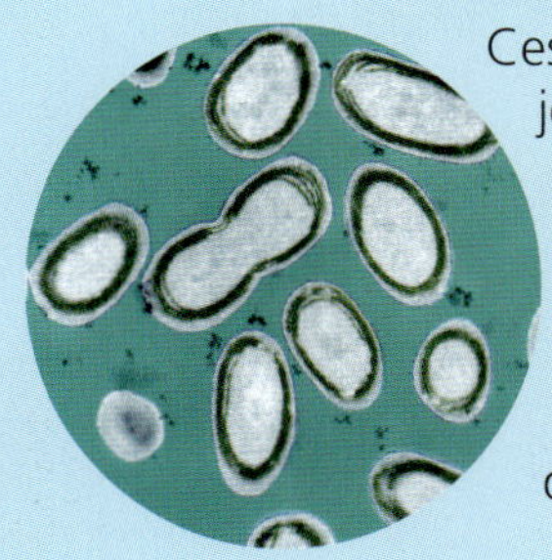

Ces microorganismes jouent un rôle important dans la décomposition des matières organiques et le recyclage des minéraux.

Si la craie parlait

Cette falaise est une masse de plancton mort ! En effet, les roches calcaires comme la craie résultent de l'accumulation de minuscules squelettes animaux et végétaux. À leur mort, ces êtres coulent au fond. Après des millions d'années, des milliards de tonnes de plancton accumulées forment une falaise.

Prolifération

Quand l'eau est riche en nutriments, le phytoplancton prolifère d'une façon spectaculaire. Parfois, les algues microscopiques sont si denses qu'on voit le plancton depuis l'espace, comme cette ligne bleue, sur une photographie de la côte ouest de l'Irlande.

À la chaîne

En mer, le plancton forme la base de la chaîne alimentaire. Phyto- et bactérioplancton se développent et servent de nourriture au zooplancton, lui-même mangé par de petits poissons et des calmars, qui sont à leur tour la proie d'animaux de plus en plus grands. Au sommet de la chaîne, on trouve l'orque et le grand requin blanc.

GLOSSAIRE

Abysse Zone océanique située entre 4 000 et 6 000 m de profondeur.

Algue Plante aquatique, comme le goémon et le phytoplancton.

Anadrome Se dit d'un poisson de mer qui remonte une rivière pour y pondre.

Barbelée Se dit d'une arme dotée de pointes dirigées vers l'arrière et qui, dans la chair d'une proie, ne peut être retirée.

Bioluminescence Production de lumière par un animal grâce à une réaction chimique.

Branchies Structure fragile de fines lamelles à travers laquelle certains animaux marins respirent. Les branchies absorbent l'oxygène de l'eau et évacuent le gaz carbonique.

Camouflage Motifs ou couleurs permettant à un animal de se fondre dans son milieu pour échapper à ses ennemis.

Cartilage Matière résistante et flexible qui constitue le squelette d'un requin ou d'une raie.

Cétacé Mammifère aquatique à nageoires. On distingue les cétacés à dents (dauphin) et les cétacés à fanons (baleine).

Cnidaires Groupe d'animaux pourvus de cellules urticantes, les nématocystes. Les méduses et les coraux sont des cnidaires.

Crustacés Animaux au corps articulé et segmenté, sous une coquille dure. Les crabes, les crevettes et les homards appartiennent à ce groupe.

Digestif (système) Ensemble des organes qui transforment les aliments afin que le corps puisse les assimiler.

Échinodermes Groupe d'animaux dotés de pieds tubulaires, d'une symétrie pentaradiée (corps divisé en 5 parties) et dépourvus de tête, comme les étoiles de mer et les oursins.

Espèce Type d'organisme. Les membres d'une même espèce peuvent se reproduire entre eux et avoir une descendance elle-même fertile.

Estuaire Zone où un fleuve rejoint la mer.

Exosquelette Squelette externe d'un crustacé.

Extinction Disparition du dernier individu d'une espèce animale ou végétale dans le monde.

Fanon Corne résistante et flexible qui permet aux baleines d'extraire le plancton de l'eau de mer.

Frayer Libérer dans l'eau, souvent en grande quantité, des œufs qui, fécondés par le mâle, donneront naissance à des petits.

Hadale (zone) Zone de très grande profondeur, en dessous des abysses, généralement une fosse marine.

Invertébré Animal sans colonne vertébrale. Tous les crustacés sont des invertébrés, de même que les vers marins, les escargots et limaces de mer, les coraux et les étoiles de mer, les concombres de mer.

Irisé Se dit d'une matière qui regroupe toutes les couleurs du prisme et qui semble différente selon l'angle d'observation. Une écaille de poisson est souvent irisée.

Krill Sortes de minuscules crevettes communes à tous les océans. Il constitue la base alimentaire de nombreux animaux, dont la baleine bleue.

Mammifère Animal généralement recouvert de poils ou de fourrure, dont la femelle produit du lait pour nourrir les petits. Les phoques et les dauphins sont des mammifères.

Melon Organe cireux permettant aux dauphins, entre autres, d'émettre des ultrasons et d'analyser leur écho sur un autre objet.

Mollusques Groupe d'animaux à corps mou, dotés ou non d'une coquille. Escargots, palourdes, pieuvres, seiches ou calmars sont des exemples de mollusques.

Nutriments Éléments essentiels dont les organismes se nourrissent.

Parasite Organisme qui vit sur ou dans le corps d'un animal plus grand (l'hôte) et se nourrit à ses dépens.

Pélagique (zone) Zone de haute mer située au-dessus des parties les plus profondes. Les animaux qui y vivent forment la faune pélagique.

Photophore Organe grâce auquel de nombreux animaux des abysses produisent de la lumière.

Photosynthèse Processus par lequel les plantes et les algues utilisent la lumière du soleil pour produire leur nourriture.

Pigment Composé chimique qui donne leur couleur aux êtres vivants.

Plancton Végétaux et animaux aquatiques microscopiques dont se nourrissent d'autres animaux. On distingue le phytoplancton (végétal) et le zooplancton (animal).

Prédateur Animal qui tue et mange d'autres animaux.

Proie Animal qui se fait manger par un autre, son prédateur.

Rorquals La plus grande famille de cétacés à fanons, dont font partie la baleine bleue, la baleine à bosse et le petit rorqual.

Sperme Cellules reproductrices mâles qui fécondent les ovules d'une femelle pour former un embryon (un futur petit).

Submersible Petit navire sous-marin.

Tentacules Longs éléments flexibles qui entourent la bouche de nombreux animaux marins et qui leur servent à toucher, saisir et manger leurs prises.

Territoire Zone où un animal vit et chasse, et qu'il défend contre tout intrus.

Venin Substance toxique qu'un animal injecte à un autre par morsure ou piqûre.

Vertébré Animal doté d'une colonne vertébrale. Les poissons, les baleines et les phoques sont des vertébrés.

Vessie natatoire Organe qui permet aux poissons osseux de se maintenir à une certaine profondeur sans agiter leurs nageoires.

Pieuvre géante du Pacifique
(Enteroctopus dofleini)

INDEX

Requin de récif
(Carcharhinus perezi)

Vivaneau
à queue jaune
(Ocyurus chrysurus)

Plongeur

CRÉDITS

Dorling Kindersley tient à remercier Devika Dwarkadas, Parul Gambhir, Aradhana Gupta et Vaibhav Rastogi pour leur participation à la conception de ce livre.

L'éditeur remercie les personnes suivantes de l'avoir autorisé à reproduire leurs photographies :

(Légendes : a : au-dessus ; b : en bas, en dessous ; c : au centre ; e : extrême ; g : gauche ; d : droite ; h : haut)

2-3 Corbis : Mike Agliolo. **4 Dorling Kindersley :** NASA (cg). **Science Photo Library :** John Sanford (cga). **5 Getty Images :** The Image Bank / Zac Macaulay (hd). **6 Dreamstime.com :** Carol Buchanan (g). **Shutterstock :** Paul Whitted (d). **7 Alamy Images :** Mark Newman / SCPhotos (g). **Shutterstock :** Kristian Sekulic (d). **8 Corbis :** Stuart Westmorland (ca). **Dreamstime.com :** Dirk-jan Mattaar (ecgb) ; Dwight Smith (c) ; Asther Lau Choon Siew (cd). **Getty Images :** Photographer's Choice / Pete Atkinson (cb). **imagequestmarine.com :** Peter Batson (cdb). **naturepl.com :** Ingo Arndt (cda). **SeaPics.com :** Doug Perrine (cg). **9 Alamy Images :** Natural Visions (cda). **Corbis :** Rick Price (ecgb). **Dreamstime.com :** Ivanov Arkady (c) ; Nico Smit (ecg) ; Daniel76 (cg) ; Elisei Shafer (cdb). **imagequestmarine.com :** Kike Calvo (cga) ; Peter Parks (ecga). **NHPA / Photoshot :** A.N.T. Photo Library (cd). **Shutterstock :** Mindaugas Dulinskas (ehg) ; Herve Lavigny (cgb) ; Hiroyuki Saita (ecda) ; Paul Vorwerk (ecd). **10-11 SeaPics.com :** Doug Perrine. **10 Corbis :** Handout / Reuters (ebd, bd). **12-13 imagequestmarine.com :** Masa Ushioda. **12 Shutterstock :** Wayne Johnson (bd). **13 Dorling Kindersley :** Peter Minister - modelmaker (bd). **Dreamstime.com :** Jan Daly (bc). **iStockphoto.com :** Stephen Meese (bg). **Shutterstock :** Hiroshi Sato (c). **14 Alamy Images :** f1 online / F1online digitale Bildagentur GmbH (hg). **Dorling Kindersley :** Natural History Museum, London (bc, bc/d, bd, bd/d, ebd). **14-15 Alamy Images :** f1 online / F1online digitale Bildagentur GmbH. **16-17 Robert Clark. 16 Science Photo Library :** Eye of Science (bg, bd). **17 Action Plus :** Neale Haynes (bg). **Getty Images :** Photographer's Choice / Zena Holloway (hc). **18 SeaPics.com. 19 Dorling Kindersley :** Martin Camm (cgb, ecgb, cb). **Getty Images :** National Geographic / Bill Curtsinger (cg). **iStockphoto. com :** Bülent Gültek (bd). **SeaPics.com :** (hd). **22-23 Ardea :** Gavin Parsons. **24 Dorling Kindersley :** David Peart (hd). **OceanwideImages.com :** Gary Bell (bd). **Science Photo Library :** Gregory Ochocki (cg). **25 Alamy Images :** Mark Conlin / VWPics / Visual&Written SL (hg). **Camera Press :** laif / Arno Gasteiger (bg). **Corbis :** Brandon D. Cole (bd). **FLPA :** Minden Pictures / Norbert Wu (cg). **Shutterstock :** Daniel Gustavsson (cda). **26 Corbis :** Stephen Frink (c). **naturepl.com :** Doug Perrine (bd). **SeaPics.com :** Mark Conlin (cga). **27 Alamy Images :** Dave Marsden (cg). **Corbis :** Visuals Unlimited (hd). **naturepl.com :** Philippe Clement (cb) ; Peter Scoones (ca) ; Kim Taylor (cd). **SeaPics.com :** Reinhard Dirscherl (bd). **28 Alamy Images :** The Print Collector (c). **Dorling Kindersley :** Town Docks Museum, Hull (cdb, bd, ebd). New Brunswick Museum, Saint John, N.B. : X10722 (bg). **28-29 Corbis :** Denis Scott. **29 Alamy Images :** The Print Collector (ca) ; Jeremy Sutton-Hibbert (cda) ; Ragnar Th Sigurdsson / Arctic Images (cd). **Dorling Kindersley :** Judith Miller / Bucks County Antiques Center (c) ; Town Docks Museum, Hull (cga, cg, bg). **Mary Evans Picture Library :** (cb). **30 Dorling Kindersley :** Peter Minister - modelmaker (c). **31 Dorling Kindersley :** Peter Minister - modelmaker (h, c, bd). **32 Dorling Kindersley :** Natural History Museum, London (c). **33 Dorling Kindersley :** Peter Minister - modelmaker (h). **34 Alamy Images :** Images&Stories (bd). **Getty Images :** Gary Vestal (c). **35 Alamy Images :** Alaska Stock LLC (cgb). **Ardea :** Tom & Pat Leeson (hd). **Bonneville Power Administration :** (bd). **Corbis :** Andy Clark / Reuters (bc). **Getty Images :** Altrendo Images (cga) ; Taxi / Jeri Gleiter (ca) ; Stone / Gary Vestal (cb). **imagequestmarine.com :** Mark Conlin / VWPics.com (hg, bg). **36 Alamy Images :** blickwinkel (c). **Corbis :** Jonathan Blair (cd). **FLPA :** Minden Pictures / Chris Newbert (hc, hd, bd). **Getty Images :** Jeff Rotman (bc). **37 Alamy Images :** Danita Delimont (hg). **FLPA :** Reinard Dirschel (bc, bd) ; Minden Pictures / Chris Newbert (hd, cg, c, bg). **Getty Images :** Jeff Rotman (hc). **38 Fotolia :** Stephen Coburn (arrière-plan). **Getty Images :** Minden Pictures / Norbert Wu (hg) ; Riser / David Hall (hd). **Shutterstock :** Stephan Kerkhofs (hc). **39 Getty Images :** Minden Pictures II / Norbert Wu. **40 Getty Images :** National Geographic / George Grall (hd) ; Oxford Scientific / Karen Gowlett-Holmes (cg). **Natural Visions :** Peter David (ecg). **naturepl.com :** Doug Perrine (ehg). **40-41 Photolibrary :** James Watt. 41 **Alamy Images :** David Fleetham (bd). **FLPA :** Gerard Lacz (cb) ; Minden Pictures / Fred Bavendam (cd). **Getty Images :** Oxford Scientific (hc). **Photolibrary :** David B. Fleetham (tr, bc). **42-43 Corbis :** Stephen Frink. **43 Alamy Images :** Mark Conlin (cda). **NHPA / Photoshot :** Bill Wood (cdb). **44-45 Alamy Images :** Brandon Cole Marine Photography. **45 imagequestmarine.com :** Peter Herring (bd) ; Masa Ushioda (hd). **Science Photo Library :** Steve Gschmeissner (cd) ; James King-Holmes (hg). **46 imagequestmarine.com : Peter Herring. 47 imagequestmarine.com :** Peter Batson (bg) ; Peter Parks (cdb). **SeaPics.com :** Scripps Institution of Ocean Technology (cga). **48 SeaPics.com :** (cd). **49 naturepl.com :** Kim Taylor (hd). **SeaPics.com :** (hg, bc, bd). **50 Alamy Images :** Brandon Cole Marine Photography (bg) ; Visual&Written SL (cda). **Getty Images :** Tobias Bernhard (hg). **SeaPics.com :** Jez Tryne (cdb). **51 Alamy Images :** Michael Patrick O'Neill (cb) ; Stephen Frink Collection (cga). **Dorling Kindersley :** David Peart (c / arrière-plan) ; David Peart (hd / arrière-plan) ; Weymouth Sea Life Centre (c, cdb). **52 Alamy Images :** Todd Muskopf (hd). **Getty Images :** Oxford Scientific / Thomas Haider (cg) ; Oxford Scientific / Karen Gowlett-Holmes (bd). **NHPA / Photoshot : Michael Patrick O'Neill (cdb). 53 Alamy Images :** David Fleetham (cg). **NHPA / Photoshot :** A.N.T. Photo Library (d) ; Image Quest 3D (cd). **54 Alamy Images :** David Fleetham (hg). **SeaPics.com :** Doug Perrine (hd). **54-55 SeaPics.com :** James D. Watt. **55 Alamy Images :** Tim Hill (ehg). **Getty Images :** National Geographic / David Doubilet (hg). **NOAA :** A.W. Bruckner (ehg). **OceanwideImages.com :** Gary Bell (hd). **SeaPics.com :** Espen Rekdal (hc). **56 Getty Images :** Perspectives / Fleetham Dave. **58 Ardea :** François Gohier. **SeaPics.com :** Phillip Colla (cdb). **59 Alamy Images :** Buzz Pictures (d). **FLPA :** Minden Pictures / Norbert Wu (bg). **iStockphoto.com :** Kenneth C. Zirkel (hd). **Science Photo Library :** Christopher Swann (hg). **SeaPics.com :** (c). **60 Corbis :** Brandon D. Cole (hd, bc). **61 Corbis :** Brandon D. Cole (cda). **Christine Ortlepp :** (cg). **Science Photo Library :** Tom McHugh (b). **62 Dorling Kindersley :** David Peart (bg). **Dreamstime.com :** Ian Scott (cd). **63 Alamy Images :** Wolfgang Polzer (bd). **Dorling Kindersley :** Paul Springett (hd). **FLPA :** Reinard Dirschel (cd). **Shutterstock :** Kristian Sekulic (g). **64-65 FLPA :** Minden Pictures / Chris Newbert. **66-67 Getty Images :** Image Bank / Sue Flood. **70 Dreamstime.com :** Darren Bradley (bg) ; Rui Matos (c) ; Ian Scott (cdb). **Science Photo Library :** Charles Angelo (cg). **70-71 SeaPics.com :** Dwight Smith (h). **71 Dreamstime.com :** Tissiana (c). **naturepl.com :** David Shale (bd). **Science Photo Library :** Volker Steger (cda). **Shutterstock :** jokter (cga) ; John Rawsterne (hd) ; Kristian Sekulic (cg, cgb) ; Olav Wildermann (ebg). **72-73 OceanwideImages.com :** Gary Bell. **72 NHPA / Photoshot :** Trevor McDonald (bg, bc, bd). **73 FLPA :** Reinard Dirschel (cb). **NHPA / Photoshot :** Trevor McDonald (bg, bc, bd) ; Linda Pitkin (cd). **OceanwideImages.com :** Gary Bell (ch, c). **74 Dorling Kindersley :** Colin Newman (cg). **Getty Images :** Photodisc / Ken Usami (cgb). **R.E. Hibpshman :** (bg). **NHPA / Photoshot :** Image Quest 3D (c). **74-75 OceanwideImages.com :** L. Sutherland. **75 Corbis :** Tony Arruza (cd). **Getty Images :** Minden Pictures / Ingo Arndt (bd). **Sion Roberts :** (ecdb). **76 SeaPics.com. 77 Alamy Images :** Colin Palmer Photography (cg) ; Park Dale (bc). **Dorling Kindersley :** Martin Camm (ebd). **ESA :** ENVISAT (cd). **Photolibrary :** Harold Taylor (c). **Science Photo Library :** British Antarctic Survey (hc) ; Eric Grave (ehg) ; Claire Ting (ecda) ; Steve Gschmeissner (cga) ; John Clegg (ecga, ebg) ; Manfred Kage (ca). **78-79 brandoncole.com :** (b, c). **Getty Images :** Photographer's Choice / Zena Holloway (arrière-plan). **80 Science Photo Library :** Georgette Douwma (g).

Couverture Corbis : Denis Scott (c).

Pour tout renseignement complémentaire, consulter : www.dkimages.com